我们的故事是什么

王尧 著

广东高等教育出版社
Guangdong Higher Education Press
·广州·

图书在版编目（CIP）数据

我们的故事是什么/王尧著. —广州：广东高等教育出版社，2022.11

ISBN 978 - 7 - 5361 - 7290 - 6

Ⅰ．①我…　Ⅱ．①王…　Ⅲ．①作家 – 生平事迹 – 中国 – 现代　Ⅳ．①K825.6

中国版本图书馆 CIP 数据核字（2022）第 138545 号

WOMEN DE GUSHI SHI SHENME

我们的故事是什么

王 尧 著

策　划	黄红丽
责任编辑	靳　辉　刘丽丽
装帧设计	ADING
责任校对	严　文
责任技编	吴练武
营销总监	姚永清
出版发行	广东高等教育出版社
	地址：广州市天河区林和西横路
	邮政编码：510500　电话：（020）87554153
	http://www.gdgjs.com.cn
印　刷	广东信源文化科技有限公司
开　本	787 毫米×1 092 毫米　1/16
印　张	15.75
字　数	180 千
版　次	2022 年 11 月第 1 版　2022 年 11 月第 1 次印刷
定　价	52.00 元

我们的故事是什么
（代序）

"去塞勒姆和康科德。"我去美国之前，朋友建议说。

霍桑的《红字》和七角楼，是大学外国文学史课留给我的记忆。后来，我选修过美国文学专题课，对霍桑的印象强化了，而梭罗始终在我的课堂笔记本之外。文学史以小说研究为中心的现象由来已久。20世纪80年代初，我对徐迟的诗和报告文学特别有兴趣，即便他的报告文学也才华横溢。徐迟曾在东吴大学文学院就读，我现在供职的校园留下了他的足迹。我是顺带读到了他翻译的《瓦尔登湖》，梭罗、爱默生、霍桑几个人的名字这才组合在一起。

在《瓦尔登湖》译本序的开头，徐迟说："你能把你的心安静下来吗？如果你的心并没有安静下来，我说，你也许最好是先把你的心安静下来，然后你再打开这本书，否则你也许会读不下去，认为它太浓缩，难读，艰深，甚至会觉得它莫名其妙，莫知所云。"这段文字给我印象特别深刻，心生浮躁时，我还是会想起徐迟说的：

"你能把你的心安静下来吗?"一个人要安静下来大概不是很容易的,患了抑郁症的徐迟于1996年在医院跳楼自杀。十年之后,在浙江南浔徐迟的塑像前,我穿了件红色的T恤,靠着他的肩合影。我想起他在20世纪70年代末的诗作《八十年代》,他歌吟道:"我们将脱下旧衣裳,换新装对镜重梳妆。"80年代过去了,90年代过去了,新世纪二十年也过去了,我们还在对镜重梳妆,但徐迟自己把那面镜子砸碎了,"我们"在破碎的镜子中四分五裂。

如果不是霍桑故居前那片豁然开朗的海、阳光和微风,塞勒姆留给我的差不多是17世纪便云集的阴影。塞勒姆的女巫博物馆(Witch Museum)和女巫地牢博物馆(Witch Dungeon Museum),那些再现的场景虽然是仿制,但血腥的味道一样散发着。我许多年没有产生过这样恐怖的感觉,甚至仿佛看到了霍桑的祖先,审巫法官之一的约翰·霍桑的恐怖眼神。那位写出了《红字》的纳撒尼尔·霍桑后来说他的这位先祖身上沾着的受害者血迹再也洗不掉了。在国内,我们很少听到有人这样说自己的祖先。我差不多是从这两个博物馆逃离出来的,坐在马路上使劲地抽烟以排遣那一丝丝恐怖感。我不是史学家,只是想到了一个最简单的问题:生活的安全感从何而来又如何得到保证?

也许是因为读过《瓦尔登湖》,等到站在湖边身临其境时,我和我的同伴都不免失望,这种感觉倒是预期的。瓦尔登湖并不重要,重要的是《瓦尔登湖》和它的作者梭罗。我赤脚站在湖水中,五月的湖水仍然刺人。没有瓦片,我用水中小的石块打起水漂,在不远处只有小圈的涟漪。我想象,梭罗当年坐在自己的船上吹长笛时,船身荡起的涟漪也该是这样的。梭罗用了27.94美元搭起来的那间木屋和小柴棚，在湖的对面山林中，诗人惠特曼当年去寻访时看到的也"仅仅是一堆表示纪念的石头了"。我们也想模仿惠特曼，拿一块石头放在石堆上。但算来算去，如果越过山林，到达小木屋的遗址，当天便无法去瞻仰梭罗、霍桑、爱默生等人的墓地了，我们想捡几粒小石子放在梭罗的墓碑上。在瓦尔登湖停车场附近的那间仿制的小木屋里，我坐在写字台前，想着梭罗当年写作的样子。如果到达了小木屋的遗址，这间小木屋或许就在心中坍塌了。

　　我是第二次到康科德，上次除去了战场、候车时吃了著名的冰激凌外，并无其他活动。从瓦尔登湖步行到镇上时，差不多是傍晚了。我们先在一座公墓寻找埋葬梭罗等人的"作家坡"，但一无所获。问了行人才知道"作家坡"在"睡谷公墓"。到了那里发现这个公墓太大了，我们几个傻傻地分头寻找未果，还是郭博士返回公墓入口处找到了指示图，这才有了大致的方位感。梭罗、霍桑、爱默生几位能够葬在一处，也算一段"佳话"。但墓地的情景实在太出乎我们的预料，尤其是梭罗的墓碑之小，比我们想象中的简单还要简朴许多。早两年，我读过惠特曼的《典型的日子》中译本，书中有"康科德其他记事"一节。惠特曼从康科德战场，坐了半个小时的马车到了睡谷公墓，拜谒霍桑与梭罗的墓地。那时爱默生还健在，他们夫妇招待惠特曼的晚餐给惠特曼留下了最愉快的记忆。想必当时的马路远不是今天的样子，现在即便坐马车从康科德战场到睡谷公墓也不用半小时了。惠特曼写道："在这'睡谷'中，这公墓山上一片林木茂密的宜人之地，他们比邻长眠。霍桑的坟墓已经变平，覆盖着茂密的爱神木，边上有一座凉亭，里面写着死者的简历。梭罗的墓前立着棕色的墓碑，普通而精致，刻着题词。"我们所见和惠特曼描述的相差太多。我印象中没有凉亭，梭罗墓碑的棕色也早已消退。比较起来，霍桑和爱默生的墓碑还有些气派，或许与他们的家境也有关系。梭罗的墓碑几乎是趴在地上，大概只有中国文联出版公司出版的《中国新文艺大系》那么大，瞻仰者只有趴在地上才能感觉到这块墓碑是立着的。墓碑的上端有几粒小石子，是凭吊者的纪念。

关于梭罗的小木屋、《瓦尔登湖》和墓碑，可以做出各种各样的阐释。其实，梭罗给我们的启示，应对的正是我们至今仍然未能解决的问题：我们该如何生活？这是和如何安全地生活相关联的一个问题的两个方面。徐迟在《瓦尔登湖》的译序中曾说："真正的梭罗却已在一个安安静静的海洋上，他向往于那些更高的原则和卓越的人，他是向往于哲学家和哲学了。"而梭罗又是这样谈论哲学家的："近来是哲学教授满天飞，哲学家一个没有。然而哲学教授是可羡慕的，因为哲学教授的生活是可羡慕的，但是要做一个哲学家的话，不但要有精美的思想，不但要建立起一个学派来，而且要这样地爱智能，从而按照智能的指示，过着一种简单、独立、大度、信任的生活。"我们是否已经过着梭罗所说的这样一种生活，我想，没有谁有把握。但肯定的是，如果我们把《瓦尔登湖》只看成是写人与自然的书，势必局限了梭罗。

我更愿意把梭罗等人称为知识分子，而不是一般意义上的作家。杰出的思想总是产生在思想者与现实的紧张关系之中，而不是恰恰相反。不必说爱默生，他的讲演《美国学者》被视为美国的"思想独立宣言"，梭罗的那篇《论公民的不服从》同样是思想史上的经典之作。梭罗如是说："说实在的，作为一个公民，而不像那些自称为无政府的人，我并不要求立即废除政府，而是希望立即能有一个好一点的政府，让每一个人都说说什么样的政府能赢得他的尊敬。这是建立那种政府的第一步。""我想，我们首先应该是人，其次才是臣民。仅仅为了公正而培养尊重法律的习惯是不可取的。我有权承担的唯一义务就是在任何时候做我认为是正确的事。"我们都熟悉这篇文章写作的背景，他是由林中的小屋返康科德镇取回修补的皮靴而路遇警察的，在一夜的牢狱之后他写了这篇"檄文"。所以，梭罗与瓦尔登湖，其实是一个思想者的故事。

"五四"以来，现代中国能够称为知识分子的作家并不少见，但文人作家可能更多。2006年秋天在北京鲁迅博物馆开会后，我曾经写过一篇短文，发过"我们为何没有自己的故事、没有自己的思想生活"这一感慨。近三十年来，我们不乏优秀作家和作品。但是，和梭罗，和鲁迅相比，我们并没有形成自己的简单、大度、独立、信任的生活。生活的格式化和思想能力的贫弱（不能完全说没有思想能力），足以让我们这一代人的故事雷同和贫乏。在这个挤压的时代中，我们能否有自己的故事和讲述故事的方式，也许决定了文学的生死存亡，也影响着知识分子的未来。在真实的生活中，我们几乎都被格式化了，我们自己也用某种方式包裹、装饰了自己。我们在文学中似乎和各种各样的故事及讲述者相遇，故事不断被生产，甚至有些过剩，至少那么多的长篇小说让你眼花缭乱。但是，这些故事与我们的生活，与我们的思想生活有多大关系？我不清楚，写作者的思想能力从何时开始变得不重要了，世界观从故事中消失，再次呈现了写作者哲学上的缺失和贫乏；我不清楚，写作者的个人品格是何时从作品中消失的，是因为我们没有品格，还是因为我们无法呈现自己的品格；我不清楚，写作者的文字为何没有了自己的气息，文字应当是自己的血液中过滤出来的。

当我们走出康科德镇，终于疲惫地坐在月台的椅子上候车时，我想，多少年以后关于这个时代的知识分子（包括文学知识分子）的传记，比起哪个时代来都可能更显单调、贫乏与划一。我们没有自己的故事，没有事件也没有细节，冲突与越轨都会被适时地控制与调节。我一直觉得这是我们与我们时代的悲哀。然而，我又是一个理想主义者，我不认为这是我们的全部。我们的内心中应该还生长和挣扎着另外的生命迹象，而这种迹象可能更真实地残存和保留了我们与我们这个时代的秘密。倘若这只是这个时代的我们的一部分，那么，这一部分如何存在于文学中？文学，是否有可能敞开我们内心的复杂性，留下时代和写作者本人的这一面与那一面？这种可能，取决于我们能否有自己的生活，然后是故事和讲述故事的方式。

再见，康科德。

再见，瓦尔登湖。

目 录

沧海文心

人琴之感

作家侧记

沧海文心

"寒夜"里的"清油灯"

一

"这个城市的确是炸不死的。"巴金看到被炸毁的房屋很快被朴素的新屋代替，炸断的老树上生出了新芽，他写信告诉朋友说："这个城市还是一样地坚定沉着，没有一种威胁能够改变它的不屈不挠的精神。"

1938年，巴金在广州住了两个半月。在这里，人是陌生的，方言是陌生的，但巴金觉得自己生活在熟悉的亲人中间。经历三个星期的大轰炸之后，这里的一切都变了：街市没有歌声，没有火炬，死沉沉地睡去。那些日子里，巴金眼前摇晃的是遇难者的残肢断臂、流淌的血和残破的房屋。大轰炸过后，巴金仿佛还躲在骑楼下屏息倾听轰炸机低飞扫射的声音，随时等候一种残暴的力量来结束自己的生命。

在广州的巴金，决定去武汉旅行。在准备动身时，粤汉铁路意外地被炸了。巴金候车去武汉期间，朋友从武昌寄来航空信，劝他放弃此行。此时的武汉危在旦夕，很多友人陆续从武汉去桂林或重庆。但巴金仍然决定去看看大会战前夕的武汉，于是离开广州。几经辗转，巴金在银盏坳坐上了前往武昌的列车。经乐昌，在往坪石的途中，火车出了一个山洞十多分钟后便临时停车，再开动，却是倒车回到山洞。一个北方青年告诉纳闷中的巴金，这是为了躲避空袭——无时无处不在的空袭。车厢里，昏暗的灯光下，巴金看不清楚五号字排印的书，扑鼻而来的是闷热空气里的煤臭味。巴金在铺位上昏昏沉沉地睡去，梦魇压得他喘不过气来。火车终于抵达徐家棚站，巴金提着行李往渡口搭乘轮渡去汉口，他在码头上看见一张标语："动员民众保卫大武汉"。

　　9 月，巴金在武汉住了半个多月，错过了与老舍见面的机会。他到达武汉时，老舍已经在上个月到达重庆了。7 月间日机频繁空袭武汉，在千户街福音堂的住所也被日机炸毁后，冯玉祥将军曾想送老舍到桂林，但老舍不愿意："我不是对桂林有什么意见，而是不肯离开武汉。"由于战事吃紧，7 月 26 日，"文协"举行临时理事会，决定将"文协"总部迁往重庆。在南京失陷前后，武汉已经杂乱无章。7 月 12 日的大轰炸，老舍躲在一处防空洞里，洞外很快成了地狱，民房、铺户、防空壕在巨响中被炸弹击碎。老舍在防空洞的感觉是：你听不到被炸地方的坍塌声、呼号声，即使离你很近，因为一切声音都被机声、弹声、炮声掩盖。老舍在想象中看到了一片血，一片火光，一座速成的地狱。最初讨论"文协"迁移时，老舍并不起劲。刚到武汉，他以留在武汉为耻，现在要疏散人口，他又以离开武汉为耻，觉得在武汉多住一天就多一分勇气与力量。然而，老舍最终还是"忽然"上了离开武汉的船。在武汉快要失陷之前，船票车票可是一票难求。在登船的那一刻，老舍感慨道：流亡者生活的一半是在舟车之上，流亡者的命运也仿佛被车票与船票决定着。

巴金在武汉又经历了敌机的轰炸。他还没有来得及给朋友写信告知武汉大轰炸的情景，就得知广州也在敌人的包围之中，他不能从武汉再回广州了。去桂林还是重庆？巴金选择了桂林。10月19日，在即将去桂林的那个夜晚，巴金站在四层楼的露台上，眼前一片漆黑，远近都没有声音。当一股风吹来时，巴金感到了寒意。这是一个又一个连着的寒夜。巴金看到和感受到的一切是寂静，甚至是死寂。曾经听到的街市上的锣鼓声消失了，恐怖的梦魇压迫着这座城市，压迫着这座城市的百姓。眺望远方的巴金，脑海里浮现出轰炸不断的海珠桥和血染不红的珠江。在凝视东方，等待黎明时，巴金心里充满留恋和愤慨，他问自己：敌人的铁骑果然会踏进我们这个可爱的城市么？

广州失陷了。武汉失陷了。逃亡途中的巴金，在梧州报馆前看到了《梧州日报》刊出的武汉大撤退的消息。在梧州，巴金终于买到了船票。他要先往石龙，再去柳州。在柳州，巴金和他的几位朋友买到了去桂林的车票。他的心情似乎明朗了许多。在柳江北岸的一家广东酒楼晚餐时，巴金坐在楼头栏杆畔，望着江水载了月光缓缓地流动。他看到江中的渡船带着星子似的灯火流过来，又流过去。此时的巴金终于能够在一座没有受到战争损害的城市感到诗情画意了。这是久违的光景，巴金忧郁的眼神明亮了。到桂林后，巴金仍然记得那个夜晚他回望江面的情景："月亮进了云堆中，江面罩上朦胧的灰色。依旧是那几点昏暗的灯火。忽然在下面，在码头上，在什么地方一个年轻的女音唱起了《渔光曲》。于是明月从云层里慢慢地露出它团团的脸庞。"这似乎是巴金流亡途中最富诗意的一个晚上。

逃难如同链条一样，一节连着一节，是一个又一个窒息的暗夜的循环；又如同一本写作中的书稿，是一页又一页在黑影下留在纸上的呼吸。1939年2月，已经逃亡到桂林的巴金在为《旅途通讯》所写的"前言"中说，每一封信，都是在死的黑影的威胁下写成的。在生死一线间，牵系他的心的是"友情"。他说他靠友情生活，友情是指路明灯，友情将他从生与死挣扎的漩涡中引到彼岸。在桂林，巴金寄寓漓江东岸朋友家。他在这里受到了热心的款待。木板的小房间，镂花的矮纸窗户，生满青苔的天井，屋后是片绿色的菜园。走出后门，巴金看到七星岩屏障似的站立在前面。七星岩成了最好的防空洞。巴金初到桂林时，这座城市还是完整的，不久就是警报，紧急警报。在《桂林的受难》《桂林的微雨》中，巴金叙述了多次遭遇大轰炸的景象。即便在大后方的桂林，生死也在一线间。

许多年以后，巴金仍会想起那些逃亡的岁月。"这两天我常常想起抗战期间在桂林和重庆过的那些日子。我会好好活下去。"1975年8月14日，巴金在给王仰晨（树基）的信中如是说。前一天，巴金去火葬场接回萧珊的骨灰盒，放在自己的房间。又过了几年，我们读到巴金《随想录》中的《怀念萧珊》和《再忆萧珊》，读到了他们的昆明和重庆。

二

昆明同样是警报不断。1940年10月7日，巴金刚写好《无题》，警报拉响了。在昆明郊外，巴金看到了二十五架敌机从头上掠过，接着炸弹在市区东南角爆炸。

在没有空袭的日子里，巴金房东家的园子非常静寂。在他的笔下，这个园子里的五瓣白色小花寂寞地开着，阳光照在松枝和盆中的花树上。在寂静中，他能够听见洋铁瓦沟上两只松鼠溜下来的声音。此时的巴金坐在窗前写作，但一会儿空袭警报又拉响了。在外面躲完警报，巴金再回到屋里。继续写作的巴金听着屋角老鼠啃东西的声音，又一次感到寂寞。

寂寞的巴金1940年从昆明飞往重庆，1946年5月返回上海。在这六年里，巴金多数时间在重庆生活和写作，进出江安、成都、昆明、桂林、贵阳和上海。此时的巴金感时忧国，像一位行吟诗人。读《龙·虎·狗》中的一些篇章，甚至会让人想到鲁迅先生的《野草》。

巴金第一次到重庆，住在沙坪坝的互生书店。这家由丰子恺题写店名的书店，是纪念五四运动的学生领袖之一匡互生的，用光裕银行的贷款办店，以八五折的价格代销开明书店的图书。巴金住在互生书店的楼上，书店的楼下是家菜馆。为了躲避日机的轰炸，巴金常常和他的老友吴朗西跑到川康银行的防空洞躲避空袭。巴金目睹了熟悉的母女在空袭中遇难，据此他创作了短篇小说《还魂草》。

1942年7月，巴金在文化生活出版社落脚。民国路上的这幢三层大楼，是在日机轰炸后的断壁颓垣上改建的。巴金说，在当时的重庆，这样的大楼已经不错，装上了有弹簧的镂花的大门。楼上有写字间，有职员宿舍，也有私人住家；楼下是商店和写字间。有些屋子干净整齐，有些屋子摇摇晃晃，用木板隔成的房间常常听得见四面八方的声音。巴金在三楼、二楼都住过。在那间陈设凌乱的书店办公室里，巴金常常对着一盏昏暗的电灯发呆：门外是一条热闹的大街，隔壁戏园刚刚散场，一大群人的脚步和笑语，潮水似的在门外流过。接着又是小汽车急驶的声音，然后又是一男一女在大声对骂，一个卖炒米糖开水的小贩走过了。

巴金常常去小贩那里买炒米糖开水，再小心翼翼地穿过马路，回到书店。或许，就是在过马路时，巴金听到了空袭警报，然后随警报躲避空袭。紧急警报发出后快半点钟了，天空隐隐约约地响着飞机的声音，街上很静，没有一点亮光。他从银行铁门前的石级上站起来，走到人行道上，举起头看天空。天色灰黑，像一块褪色的黑布，除了对面高耸的大楼的浓影外，他什么也看不见。他呆呆地把头抬了好一会儿，并没有专心听什么，也没有专心看什么。他这样做，好像只是为了消磨时间。时间仿佛故意跟他作对，走得特别慢，不仅慢，他甚至觉得它已经停止走动了。夜的寒气却渐渐地透过他那件单薄的夹袍，他的身子忽然微微抖了一下。

这就是小说《寒夜》中汪文宣出场的情景。在这条街上，巴金看到人群中的汪文宣和曾树生，甚至觉得汪文宣就住在这幢大楼的三楼，和他比邻而居。巴金说，整个故事都是在他住所的四周进行的。他仿佛跟汪文宣一家人生活在一块儿，每天经过狭长的街道走上三楼，到他们房里坐一会儿，安安静静地听他们谈话、发牢骚、吵架、和解；仿佛每天有机会送汪文宣上班，和曾树生同路走到银行，陪老太太到菜场买菜……抗战胜利后，巴金在停电的夜晚，常常在民国路一带散步。他同样看到了曾树生看到的一切。

巴金生活在汪文宣们中间，但他和萧珊是幸福的。从1936年在上海和读者萧珊第一次见面，到1944年在贵阳郊外的"花溪小憩"结婚，巴金说他们谈了八年的恋爱。中学时的萧珊，似乎是位激进者，因参加学生运动而被开除。巴金说，倘若不是为了他，萧珊1937、1938年一定去了延安。这个恋爱的故事，是在路上逃难中完成的："在抗日战争紧张的时期，我们一起在日军进城以前的十多个小时逃离广州，我们从广东到广西，从昆明到桂林，从金华到温州，我们分散了，又重见，相见后又别离。"在困苦的境地里，在朋友们各奔前程的时候，萧珊总是在巴金耳边说："不要难过，我不会离开你，我在你的身边。"在巴金的回忆中，出现了关于他们那个时期生活的经典细节：在文化生活出版社门市部楼梯下的七八平方米的小屋，萧珊托人买了四只玻璃杯开始组织小家庭。——这是我们在《怀念萧珊》中读到的巴金与萧珊。

《天涯晚笛》中张充和讲述的巴金和萧珊的恋爱故事似乎更为有趣和传神："那时候陈蕴珍正在追巴金——还没叫萧珊，我从来都是'蕴珍、蕴珍'地唤她。蕴珍当时还是个中学生呢，就要请巴金到中学来演讲。巴金那时候已经是名作家了，人害羞，不善言辞，就死活不肯。蕴珍她们把布告都贴出去了，演讲却办不成。蕴珍气得，就找我来哭呀！""我们这边一劝，巴金赶紧来道歉，请出李健吾代他去演讲，这恋爱，就谈成喽！"当张充和回忆这段往事时，巴金已经是"老巴金"了。她在和朋友聊天时说："老朋友都走光啦，也不等等我，只有老巴金，还在海那边陪着我。"

在萧珊去世后几年，外界谣传巴金再婚，巴金特地写了《"结婚"》以辟谣。巴金在写给亲友的信件中，也说到了谣言和他辟谣的文章，这是用另一种方式表达他对萧珊永远的挚爱。难怪冰心说她和她的先生吴文藻认为巴金最可佩服之处是他的感情态度，是他对恋爱和婚姻的严肃和专一。冰心在她的文章中写道："我们的朋友里有不少文艺界的人，其中有些人都很'风流'，对于钦慕他们的女读者，常常表示了很随便和不严肃的态度和行为。巴金就不这样。他对萧珊的爱情是严肃、真挚而专一的，这是他最可佩服之处。"

1998 年的夏天，我第一次去重庆，想寻访巴金和萧珊曾经居住过的文化生活出版社的那幢小楼。重庆的朋友说这幢小楼已经被拆除，我不知道是真是假。我在网上搜索到这幢小楼的照片，它衰败的气息，增添了我内心深处凭吊的凄凉氛围。我想象那四只茶杯置于何处，想象巴金萧珊进出小楼的情景。无论如何，这是一个美好的故事，当其中的一个主人公去世后，这个故事在凄婉的叙述中仍然令人动容。

三

很多年以后，巴金重读《寒夜》，感觉好像是又做了一场噩梦。就是在那样的寒夜和噩梦中，那些散处在各地的无数朋友，越来越多的人抵达重庆。巴金和他们相聚了，寒夜里有了微弱的灯光，长出新芽的树枝上也有了些微的春意。

20 世纪 40 年代初期，冰心住在歌乐山上。巴金到重庆，必来山上看她，也会谈起自己的创作。巴金走后，冰心在深夜深黑的山林里听到杜鹃啼叫，便会想起巴金这位"在暗夜里呼号的人"。在重庆，冰心因稿费需要，用"男士"的笔名写了《关于女人》。巴金知道冰心那时的贫困，就将《关于女人》从"剥削作家"的天地出版社拿出来，转给上海开明书店，这样再版时，冰心都可以得到稿费。这样的友谊，即便在多少年以后仍然纯净和浓厚。在多年不通音讯后，巴金于 1977 年 3 月 11 日给冰心回信："昨天陶同志来，交给我您的信；前些时候在出版社编译室开会，遇见韩侍桁，他说赵清阁告诉他，您给赵写信问到我的情况，总之，很感谢您的关心。算起来十一年了！这中间也常常想到您。"

在重庆，巴金并不是著名的社会活动家，但他大事不糊涂。1945 年 6 月 21 日，巴金与郭沫若、叶圣陶、洪深、陈白尘等二十四人联名在《新华日报》发文庆祝茅盾五十寿辰。10 月 21 日，更名后的"文协"在张家花园举行会员联谊会，巴金和周恩来、郭沫若、叶圣陶、冯雪峰等到会。1946 年 1 月 8 日，在政治协商会议开幕之前，巴金与老舍、茅盾等三十位作家联名发表《陪都文艺界致政治协商会议各委员会书》，呼吁"结束一党专政，制定和平建国纲领"。巴金曾经回忆，在中苏文化协会的招待会上，周恩来把他介绍给毛泽东，毛泽东笑着说："巴金先生，听说你信仰过无政府主义，是这样吗？"他回答说："听说主席年轻时也曾信过无政府主义。"

文化生活出版社马路的斜对面是姚蓬子经营的作家书屋。

1943 年 6 月，从集中营出来的冯雪峰到了重庆。组织安排冯雪峰住在作家书屋，以方便他做统战工作和"文协"的工作。冯雪峰常常穿过马路，到文化生活出版社看望巴金，有时候闲聊到天亮。巴金后来回忆说，究竟谈了什么，已经讲不出来，但当时的确谈得"十分起劲"。在重庆，巴金和冯雪峰等人也常常一同出现在一些活动上。

　　冯雪峰在 20 世纪 50 年代跌到了人生的最低谷。在"文化大革命"后期和朋友的通信中，巴金惦记着不少朋友的境况，其中一位便是冯雪峰。1975 年 3 月，巴金从王仰晨的来信中得知 72 岁的冯雪峰患肺癌住进协和医院，准备做手术。巴金回信说"没有想到"，他之前曾听沈从文讲起，冯雪峰和张兆和在干校一起种菜。巴金内心对朋友的关切，在那个年代弥足珍贵。"文化大革命"结束后，巴金著文悼念冯雪峰，表达怀念之情。这和他之前对冯雪峰的牵挂有着内在的联系。巴金说："见第一面我就认为雪峰是个鲠直、真诚、善良的人，我始终尊敬他，但有时我也会因为他缺乏冷静、容易冲动感到惋惜。"巴金认为冯雪峰认真搞创作，是个平易近人的好党员。他说 1937 年、1944 年、1949 年和 1957 年都是这样的看法。巴金选择了冯雪峰人生中的几个关节点，而 1944 年则是他们在重庆的日子。

　　在鲁迅的葬礼上，和巴金一起抬棺的胡风，可能是最早去作家书屋看望冯雪峰的友人。冯雪峰入住不久后，他们彻夜长谈两天。梅志回忆他们在重庆见到冯雪峰的印象是："几年不见，他变得沉稳多了，也更加和蔼可亲了，虽经过集中营的非人折磨，但看上去身体还好。"胡风常常去作家书屋，或者约冯雪峰到茶馆和小吃馆聊天。胡风觉得姚蓬子经营书店赚钱后，已无心办《抗战文艺》，就通过老舍的关系，将姚蓬子编辑的《抗战文艺》交给冯雪峰主编。在重庆期间，胡风也常常和冯雪峰一同去曾家岩五十号找徐冰，和周恩来见面。

梅志的回忆文章并不回避文艺界左翼的是是非非，提到了"权威人士"对冯雪峰悼词措辞的不同意见。这位"权威人士"就是和冯雪峰一样在重庆从事统一战线工作的夏衍先生。梅志坦率地说，胡风在与冯雪峰多年的交往中，虽然对他的某些做法有意见有看法，但在大的方面对冯雪峰评价极高。在给楼适夷的信中，胡风说，对冯雪峰的文艺理论应该给予"一定的肯定的评价"，"特别是在和周扬的假理论比较之下"。"比较"二字，又分出了不同的"文人圈"。

出乎胡风和梅志意料的是，胡风用来和冯雪峰比较的周扬，在1975年被"解放"后不久，去看望了病中的冯雪峰。见面的细节和周扬对冯雪峰的评价，在1979年周扬写给友人的信中有所披露。周扬在信中说："我预料他在人世间的日子只能以日计算了，我将和他永别。我对他说，我们相交数十年，彼此都有过过失，相互的批评中也都有说得不对或过分的地方，我们要从过去经验中吸取教训，互相砥砺。我一时抑制不住我的情感，他也被我的情感所激动。"周扬还谈到1975年秋他写信给毛主席，报告冯雪峰不治的病情，转达冯雪峰渴望回到党内的愿望，以及他对冯雪峰的同情。1975年的周扬显然已经开始了他的反思。

陪都重庆的朋友们在战后散落各地，他们各自的命运也跌宕起伏。五六十年代的政治运动，又让曾经生死与共的朋友们生隙甚至反目，朋友圈中的朋友不时被"拉黑"。巴金和胡风在重庆也常有往来，50年代发生的那些事情，我们已经熟知。"文化大革命"结束后，不同的人写了为数不少的自省和反思文章，巴金对自己与胡风关系的认知，特别是对自己的过失，有最坦率、真诚的解剖。我甚至认为，巴金在这方面的思想深度和人格力量毫不逊色于不断反省和忏悔的周扬。三四十年代的重庆，作家虽然未必心心相印，但大致有些相对稳定的"文人圈"。在民族大义面前，信仰和价值取向不同的"文人圈"也能求同存异。这些"文人圈"在50年代初散了，乱了。

四

当年在日本东京的剧场，巴金看《雷雨》，听到的是周围的哄笑声。巴金曾经在一篇小说中如此描写"一个朋友"在剧场的感受："在剧场厅子里坐满了观客，四周都是笑话和吵闹。这时候他的心就会感到剧痛，他会感到沙漠上似的寂寞。在这热闹的人群中似乎就只有他一个孤寂的人，他的渴望，他的苦痛是完全和那些人不相关联的。"此时，巴金也有这种感觉和经验了。当上海某中学的毕业生说以前没有听说过曹禺的名字，说曹禺"也许他是一个演文明戏的戏子罢"时，巴金的反应是真想给他一记耳光！——这是巴金1935年5月《〈雷雨〉在东京》中的叙述。

1940年11月，巴金带着吴天改编的《家》从昆明到江安国立剧专看望了曹禺。巴金到江安之前，吴天改编的《家》已经在上海上演。曹禺看了吴天的改编本，感觉太"忠实"于原著了，他觉得应当由他来改编《家》。巴金也认为曹禺完全可以写出一部他自己的《家》。熟悉文学史的都知道，《家》的改编，再次展现了曹禺的才华和创造力。在剧作《家》中，觉慧不再是主要人物，觉新和瑞珏成为主角，觉新、瑞珏、梅表姐三个人婚姻上的不幸和痛苦成为剧作的主要线索。对于这样一部再创作的《家》，巴金在桂林读到手稿时感叹道："不能不赞叹他的才华，他是一位真正的艺术家！"

许多年以后，曹禺在为剧本《家》重版所作的后记中追忆了他在唐家沱的江轮里，以一个整整的夏天改编《家》的情景。1942年，重庆酷热如蒸的日子，在重庆附近唐家沱浮泊着的江轮里，曹禺俯扑在一张餐桌上，写着剧本《家》。他打着赤膊，背上流着一串一串的汗珠，昼夜不停地写着。那是一个不大的江轮的餐厅，曹禺说早晚都很清静，只有中午和黄昏时，他和水手一同进餐时才有些声息。岁月生出沧桑，曹禺感慨，当年自己把《家》的剧本交给巴金时，巴金正值旺盛的中年，如今已经是满头白发的老翁了。

在曹禺笔下，他们在江安的见面是那样的温暖。两人谈得太投机了，每天都谈到很晚很晚。曹禺说："虽然是冬天，小屋里只有清油灯的微光，但是每次想起来，总觉得那小屋里很暖很暖，也很光亮。"巴金离开江安后，在1940年11月19日给吴天的信件中也谈到这次温馨的相聚："每夜在一间楼房里我们隔着一张写字台对面坐着，望着一盏清油灯摇晃的微光，谈到九、十点钟。"这两位朋友的文章如同诗人唱和一般。时过境迁，在曹禺去世后的怀念文章中，巴金再次复述了江安六天，说他们在谈话中"交出了彼此的心"。曹禺对巴金的信任，也可以从叶圣陶写给巴金的信看出。这封时间不详的信，应该写于重庆时期。为了一场展览，叶圣陶向巴金借去曹禺的手稿："市立剧专将于本月戏剧节举行戏剧资料展览会，意欲向尊处借去曹禺兄之原稿，以供陈列，负责保管，负责送还，决不油污。今令小儿至诚晋谒，敢肯赐予指教，不胜感幸。"

50年代初，巴金赴朝鲜前夕，在北京待了一段时间。究竟是去工厂，还是去朝鲜深入生活？曹禺建议巴金去工厂，而巴金自己决定去朝鲜，认为可以锻炼，对"自我改造"也有帮助。曹禺夫妇经常去看望巴金，有时候在他的住处小憩。巴金出国前夕，曹禺给他新买了许多香片。巴金不喜欢喝香片，又担心在国外很难弄到开水，最终还是决定把香片带回上海喝。巴金去朝鲜的行囊，是曹禺给他买的皮包和另一个他自己买的布包。

我留意到巴金在赴朝前夕给萧珊信中的一段话。曹禺将下工厂锻炼，但巴金无法确定自己何时下去："家宝什么时候下工厂，还说不定，他和我不同，他的领导多，这方面要他这样，那方面要他那样，另一方面又催他写'三反'戏。他也许会到苏联。"足见曹禺的无奈。巴金所说的这情景，后来竟成了曹禺后半生的写照。多年以后，77岁的曹禺在《晚年的思考》中写道："鲁迅说，他写的是'遵命文学'，他是遵真理之命，而不是哪一个领导人。多年来，我写戏都是领导上交给我的任务，我也写了几个，有的也没写出来。现在岁数大了，更写不出来了。""我77岁了，后悔读书读得杂，读得乱，好像没有读透过一本书。解放后总是搞运动，从批判《武训传》起，运动没有中断过。虽然，我没当上右派，但也是把我的心弄得都不敢跳动了。"

　　1977 年曹禺夫人方瑞去世后，巴金得信的第二天，就写信给在北京的一位朋友，托他去看望曹禺。接信后的次日，王仰晨便代表巴金去看望曹禺。8 月 28 日，在致李健吾的信中，巴金说："方瑞去世，的确是一个不幸的消息，它使我想起许多事情，我替家宝难过，我自己也不好过。"巴金对朋友的用心细致入微。1981 年，巴金在给李致的信中说，他要全力编好十卷《选集》，希望出版社先出齐曹禺的十卷集，自己的可以缓一点。在另一封信中，巴金说曹禺开始在上海重写《桥》，拜托李致帮曹禺找些资料。

　　江安房间里那盏清油灯微弱的光一直在巴金的记忆中亮着。

　　当我从纸堆里搜索出这些往事时，我想起鲁迅先生《朝花夕拾》中的那句话："给往昔的时光一个悲哀的吊唁。"当年，巴金在万国殡仪馆为鲁迅守灵时想："这个被我们大家敬爱着的老人，他真的就死去了？我不能够相信。但是这些悲戚的面容，这些悲痛的哭泣却明白地告诉我，这个老人绝不会再坐起来，带着温和的笑容对我们高谈阔论了。"

　　我是在北京火车站候车时获悉巴金去世的噩耗的，有家报社的朋友电话约我写一篇悼念巴金先生的文章。在候车室里，我想起那年在中国现代文学馆参加"华语文学传媒大奖"颁奖典礼的一个细节，文学馆门上是用巴金手模做成的把手，当你打开那扇门时，你要去拉住巴金的手模。于是，我为那篇悼念巴金的短文命名"握着巴金的手"。

幽谷中的郭沫若

一

在往日本千叶县市川市的车上，我与不同时空中的郭沫若相遇——"五四"时的郭沫若，"大革命"时的郭沫若，抗战时的郭沫若和"文化大革命"时的郭沫若。郭沫若不同时期的身影甚至是判若两人的形象，给我们今天的历史叙述留下了困境。比往两个极端处论定郭沫若更困难的是，我们无法轻率地呈现郭沫若的思想历程与历史的复杂关系。我一直追寻少年时从字帖《蜀道难》字里行间初识的郭沫若，后来再读他的史学、文学著作。我到今天也没有完全读懂郭沫若，也没有完全进入那个似乎远去，其实仍然延续在现实中的历史。

这是2011年10月，阳光灿烂，重建的郭沫若故居完全裸露在阳光下。陪同访问的藤田梨那详细介绍故居的物件、人物和故事，有我熟悉的和不熟悉的。我依据书本的叙述和阅读的记忆，询问郭沫若当年生活、写作的细节，也悄悄走过郭沫若在那个凌晨出走的门道。

此时，我想起 1944 年 5 月 10 日，林辰询问郭沫若的那句话："假使抗战没有起来，你恐怕还是没有机会回国吧?"郭沫若说，他从日本回来后的八年接受过无数次这样的问话，林辰重提一遍，让他回忆起亡命日本在江户川上住过的那间小屋。

郭沫若对客人回忆说，他手栽的那株大山朴，恐怕已经长成乔木了，现在应该是紫薇树开花的时节。他还想起小屋背后隔着一条公路的小丘陵，丘陵上长着古老的松树，松树下面是一个村落的公墓。在写作疲倦或者心情忧郁不堪时，郭沫若便越过公路，登上小丘，在松林和墓丛中徘徊。在郭沫若脑海里徘徊的一个念头是："我结果怕也只好成为这墓丛中的一座了。"

二

1937 年 7 月 27 日，郭沫若抵达上海。第二天，林森与蒋介石共同签署文稿，撤销 1927 年 5 月 27 日发布的通缉令。在日本沉寂了十年的郭沫若，似乎告别了革命，但在抗战爆发前夕，国民党人和共产党人都想到了这位曾经的革命者。

在夏衍的记忆中，郭沫若和十四年前在博多留给他的豪放和爽朗印象不同。虽然豪情未减，但言行举止有点凝重和感伤的味道，眼神中带着惆怅。此时的郭沫若不仅牵挂滞留日本的安娜和几个孩子，而且在政治上也不无迷惘，人生道路再次处于不确定中。

8 月 2 日，潘汉年邀夏衍去法租界一家公寓看望郭沫若。夏衍谈到如果国共两党在庐山的谈判能够成功，上海文化界救亡协会可能成为统一战线团体，国民党方面的人会加入。郭沫若对潘汉年和夏衍说："这些人我倒不怕，怕的是十年前的老朋友，现在他们是红是黑，是好是坏，我都弄不清了。"潘汉年告诉郭沫若，周恩来同志在西安看了蒋介石，蒋介石称周恩来为"同志"。在这之前的2月，周恩来致信张闻天、毛泽东，请示同国民党谈判的方针，周恩来提出的方针第一条是："可以服从三民主义，但放弃共产主义信仰绝无谈判余地。"

就在郭沫若回国的7月，著名的"庐山谈话"持续进行。蒋介石与各界名流谈话，后发表《抗战宣言》。与会的学界名单上也有郭沫若的名字，此时，郭沫若尚未归国，正在紧张的准备中。郭沫若的名字是何廉加上的，他是为了试探蒋介石是否同意郭沫若归国。从日本回国后，郭沫若在武汉应邀去见蒋介石，见面后发表了《在轰炸中来去》。根据时任周恩来政治秘书的吴奚如回忆，《七月》社一些非党作家颇为不满，议论纷纷。有人说："为什么这样恭维独夫蒋介石呢？"后来党中央根据周恩来的建议，以郭沫若继承鲁迅为全国左翼文化界的领袖。当吴奚如把这一决定向胡风等人传达时，"几个《七月》社非党同人有抵触情绪，沉默不语"。吴奚如借用徐懋庸语"左得可爱"形容这些非党朋友。

郭沫若于1938年1月参与筹组国民政府军事委员会政治部第三厅，对于出任厅长一职，郭沫若有些犹豫。2月17日，周恩来致信郭沫若，提出"政治工作纲领批定始能就职"。周恩来在信中说："我已在原则上决定干，惟须将政治工作纲领起草好呈蒋批定后，始能就职，否则统一思想、言论、行动诸多解释，殊为不便。"希望郭沫若也能采此立场，先答复时任国民政府军事委员会政治部部长陈诚（辞修）。郭沫若致信陈诚，担忧官方"限制思想言论行动"。2月22日周恩来会见陈诚时，陈诚正好收到郭沫若的来信，看完后给周恩来，并说"限制思想言论行动"问题已经解释过。周恩来在2月24日致郭沫若信中告知这一情况，并谈到陈诚仍然属意郭沫若担任厅长："关于副厅长，他说可即要范扬先生担任，厅长仍唯一希望于你。假使你要在长沙耽搁，可先要范扬来组织。他并要我及黄琪翔兄写信给你，劝你早来，他也即复你信。陈诚还说，为地位计，请你以指导委员兼厅长。"周恩来根据陈诚的谈话，认为郭沫若"可以干"。4月，郭沫若出任第三厅厅长。

　　反对国民党对第三厅的党化，是郭沫若一贯的立场。1940年9月，张治中担任军事委员会政治部部长，曾任《中央日报》报社社长的何浩若被派任第三厅厅长，郭沫若和同仁决定退出第三厅。9月8日，张治中为第三厅事约谈周恩来，周恩来当夜致信郭沫若，告知他与张治中的谈话内容："我告以文化界朋友不甘受党化之约束，故当郭先生就三厅长任时，即向辞修声明，得其谅解，始邀大家出而相助。今何浩若就任三厅，无疑志在党化，与郭先生同进退之人，当然要发生联带关系，请求解职。"张治中向周恩来解释，三厅全部更换"系委座意见"。张治中认为，虽然同意阳翰笙等辞职，但仍需借重他们，不能赋闲。张治中征求周恩来意见，周恩来认为郭沫若、阳翰笙他们"在文艺和对敌方面仍能有所贡献……但绝非不助新部长"。张治中考虑组建文化工作委员会，请郭沫若主其事，专管文艺对敌工作，并准备到赖家桥和郭沫若商量。

张治中对郭沫若说："我特意为左派文化人建立了一个'租界'。"在文工会担任委员的有茅盾、阳翰笙、冯乃超、老舍、田汉、沈志远、洪深、胡风、吕霞光、姚蓬子、郑伯奇、张志让、孙伏园、熊佛西、王昆仑和吕振羽等人。而在共产党人看来，这只是为了粉饰门面，不让郭沫若为首的左翼文化人前往延安。美国人费正清似乎也认同这一看法，他在当时的一份报告中写道："事实上，这个委员会更像是一种限制行为的围栏，已有很多知名作家被圈在里面。假如他们离开这里前往延安，将会对统一战线造成一场灾难。这样，三大主要成员——胡风、茅盾以及沈志远也以委员长邀请的名义从香港被哄骗回来，其中，为了让胡风留在重庆，专门提供给他每月2 000元的津贴……当局认为绝不能让他们完全自由地活动与写作。"胡风等人是"皖南事变"后被党组织秘密安排离开重庆前往香港的，在香港沦陷后，胡风等人便撤离香港，再回重庆。

如果说蒋介石成立文工会的本意在此，奉命组建文工会的张治中则以诚意对待郭沫若等左翼文化人士。"皖南事变"后，国共关系紧张，左翼文化人士都纷纷向香港、南洋转移。为此，张治中曾召集文化界人士，给予安抚，保证他们在重庆不会有危险。让张治中不满意的是，郭沫若并不理解他的良苦用心。张治中在从香港寄来的剪报上看到郭沫若文章中有不少讽刺他的话，便写信质问郭沫若为何把他的好意当恶意，为何不当面和他谈。郭沫若也客气地回信解释了一番，两人的关系从此渐渐疏远。如果放在大局中观察，两人的生隙也只是国共关系的一点反映，文工会后来在张治中任上被撤更说明了这一点。

1941年11月16日，茅盾在祝贺郭沫若五十寿辰的文章中，回忆了1940年底或1941年初，郭沫若在文化工作委员会一次全体委员及工作人员会议上的讲话。对于该委员会委员及工作人员大多数不是国民党员这一被人"指摘"的事情，郭沫若做了解释。郭沫若说："信佛法的人不一定是和尚，反之，和尚也未必个个能守法规，真信佛法，酒肉和尚不是也很多吗？信仰三民主义不一定加入国民党，非党员信仰三民主义的程度，奉行三民主义的热忱，敢信不在国民党员之下。"

茅盾在文章中感叹道："这几句话，沫若先生不啻为全中国献身于民族解放事业的非国民党的文化人作了最坦白最诚恳的宣告，然而沫若先生工作上困难之情形，不也可以想见么？"

三

1941年11月16日，郭沫若五十诞辰，又逢他文学创作二十五周年，周恩来倡议举行全国性纪念活动。"皖南事变"后，国共紧张关系一定程度的缓解也反映在郭沫若五十诞辰的纪念活动中，国民党方面邵力子、张治中、陈布雷、张道藩等参与发起了这一活动。

对于祝寿活动，郭沫若有些踌躇。他在1941年10月致朋友的一封信中说："祝寿之举甚不敢当，能免掉最好。照旧时的规矩来讲，先君于前年五月逝世，今岁尚未满服，更不敢说上自己的年岁来也。"

蒋介石的"文胆"陈布雷在祝寿活动中的作为也成为一时佳话，这或多或少反映了郭沫若在当时赢得了文化界、知识界的广泛尊重。陈布雷在"缘起"横轴上签名后，再致郭沫若贺信云："《三叶集》出版时之先生，创造社时代之先生，在弟之心中永远活泼而新鲜。至今先生在学术文化上已卓尔有成，政治生活实渺乎不足道。先生之高洁，先生之热烈与精诚，弟时时赞叹仰佩。弟虽一事无成，然自信文士生涯、书生心境，无不息息相通。国家日趋光明，学人必然长寿。此非寻常祝颂之词也。唯鉴不尽。"

过了几天，陈布雷又以诗贺之。除了表达敬意，陈布雷对郭沫若的"别"也抱有理解式的同情："刻骨辛酸藕断丝，国门归棹恰当时。九州无限抛雏恨，唱彻千秋堕泪词。"陈布雷贺信重道德文章，而以"渺乎不足道"说"政治生活"，并以文士、书生的知己身份表达与郭沫若"息息相通"之意。陈布雷的四首七绝与贺信相承，"长空雁阵振秋风，相惜文心脉脉通"。据陈布雷的外甥、时在第三厅供职的翁永泽回忆，陈布雷的左右手陈芷町在立轴抄写贺诗时，将原稿"文士心情金石通"改为"相惜文心脉脉通"，陈布雷有些踌躇，担心修改后的诗句有抬高自己之嫌。陈芷町说：你们两人都有"如椽大笔"，贺信中已经包含了这样的意思。11 月23 日，郭沫若复信陈布雷，并"敬步原韵"，作七绝诗四首，向陈布雷致谢。

老舍则体会到了郭沫若的赤子之心，他用"五十岁的老小孩"形容郭沫若。他认为郭沫若至少有五个方面值得赞许：文艺作品的创作及翻译；北伐期间的革命功业；考古学上的成就；抗战以来的抗敌工作；为人。老舍如此描述这个"小孩"："他永远是那么天真、热烈，使人看到他的笑容，他的怒色，他的温柔和蔼，而看不见，仿佛是，他的岁数。他永远真诚，等到他因真诚而受了骗的时候，他也会发怒——他的怒色是永不藏起去的。"巴金在郭沫若去世后的纪念文章中，也谈到他的赤子之心："我同郭老接触多年，印象最深的是他非常真诚，他谈话，写文章，没有半点虚假。我想说他有一颗赤子之心。"

在中共南方局决定组织的这次活动中，周恩来倾注了巨大的热情，精心指导筹划。周恩来原本打算写一篇专文"献给"郭沫若，想在乡间居住期间，读郭沫若的一部分著作。但这个夏天，敌机轰炸不断，"人又病，事又忙，不仅文章没做，书也没读"。觉得有点愧疚的周恩来，不愿"无言"，在纪念活动上说了他平常所常说的话。周恩来并论鲁迅和郭沫若，以为："鲁迅自称是革命军马前卒，郭沫若就是革命队伍中人。鲁迅是新文化运动的导师，郭沫若便是新文化运动的主将。鲁迅如果是将没有路的路开辟出来的先锋，郭沫若便是带着大家一道前进的向导。鲁迅先生已不在世了，他的遗范尚存。我们会愈感觉到在新文化战线上，郭先生带着我们一道奋斗的亲切，而且我们也永远祝福他带着我们奋斗到底的。"

周恩来所说的这些话一点也不平常，郭沫若在新文化谱系中的地位由此确立。共产党人在抗战文化中棋高一着的布局，也在后来急遽变化的时局中显示了深谋远虑的战略意义。

四

绿川英子记得1939年元旦郭沫若在中山公园演讲的情景：那是人的山，人的海，坡上坡下挤满了人。绿川英子形容郭沫若像暖和春风似的开始演说：听吧，像奔流，像悬河，像渺茫的大海；

而听众随着是微笑，是忿怒，是油然而起。

在元旦音乐演奏会之前的这次演讲，是郭沫若回川后首次公开演讲。1939年1月2日《国民公报》的报道说："为纪念元旦，昨晨十时，中山公园网球场上的中国电影制片厂合唱团音乐大会，首先揭开了一日的序幕，在万人丛中新由前线回川的郭沫若厅长按时莅会，经过中电厂郑用之的一番介绍后，郭厅长在热烈掌声中，首先说明了今天的阳光，是象征着中国前途的光明。同时，他向四万万五千万同胞贡献了两个礼物：第一，是打倒日本帝国主义；第二，是建设和平幸福的新中华民族，并且预祝明年元旦在南京举行。"1939年1月8日，郭沫若应沙坪坝中央大学之邀请，前往学校做了"二期抗战中国青年应有之努力"的演讲，相邻的重庆大学也有不少学生到场。听众一千余人，郭沫若一讲便是两个小时。

郭沫若对日本近卫平沼内阁总辞后的日本政局有诸多深刻的见解。1月7日，在中国青年记者学会重庆分会的欢迎会上，郭沫若对日本内部分裂情形及抗战前途分析得极为详细，结论是"日本在崩溃途中"。第二天，应《新民报》职工读书会的邀请，郭沫若在重庆市商会大礼堂再次公开演讲，谈日本的政局，从近卫内阁总辞职后谈到日本对内对外诸问题。在演讲前两个小时，会场已经聚集了来自各方的听众。到了下午三点，会场座无虚席，连站的地方也没有了，主办方只好将演讲地点改到商会球场。《新民报》的新闻稿说："在刺人的北风里，郭先生很有力而扼要地分析着日本帝国主义必然灭亡的因素。"

演讲、写诗、作文、创作话剧，出席各种活动，几乎成了郭沫若的文化生活。他在城与乡之间奔波。1940 年 7 月 1 日，郭沫若致孙陵信："我近日已移乡居住，因城里寓所被炸。计算起来，敌机对我光顾，要算是第二次了，前年在桂林的住所，全被炸毁，今次则炸得屋顶纷飞。住乡比住城闲适，三厅图书馆薄有储藏，拟多多拿些时间来读书，有余暇时从事写作。究竟还是读书要紧，三年来实在使脑里的田园太荒芜了。"

郭沫若在后来的散文中讲述了记忆中的重庆，而大轰炸是最深刻的记忆之一："我们诅咒重庆的雾，一年之中有半年见不到太阳，对于紫外线的享受真是一件无可偿补的缺陷。是的，这雾真是可恶！不过，恐怕还是精神上的雾罩得我们更厉害些，因而增加了我们对于'雾重庆'的憎恨吧。假使没有那种雾上的雾，重庆的雾实在有值得人赞美的地方。战时尽了消极防空的责任且不用说，你请在雾中看看四面的江山胜景吧。那实在是有形容不出的美妙。不是江南不是塞北，而是真真正正的重庆。"

没有大雾的日子，空袭常常突如其来。1939 年 5 月 3 日、4 日，日本侵略者对重庆进行大轰炸。郭沫若所在的七星岗天官府街 4 号，在 5 月的狂轰滥炸中躲过一劫，一个月后再遭遇空袭，被烧坏。郭沫若不得不常常从城里住到乡下赖家桥。郭沫若目睹了 6 月大轰炸的惨状，写了《惨目吟》。日本学者前田哲男试图还原郭沫若写作《惨目吟》时的状态："诗人在重庆城里的一个角落，看到了母子紧靠在一起被炭火烧焦的残骸，他望着望着，一瞬间，他一定想到斩断私情抛妻别子、留在市川的妻子和五个儿女的样子。"

郭沫若对当局处理轰炸惨案的善后工作有诸多质疑和不满。

1941 年 6 月 5 日大轰炸中爆发了"隧道大惨案"。6 月 17 日郭沫若写了《罪恶的金字塔》，他在注中说："日寇飞机仅三架，夜袭重庆，在大隧道中闭死了万人以上。当局只报道为三百余人。"当局最初公布的死亡人数是 500 到 600 人，受到质疑后事故调查委员会出面调查。7 月 2 日正式公布的死亡人数是 992 人，负伤 151 人，但这个数字仍然受到强烈质疑。多少年过去了，这个惨案的死亡人数仍然不能明确，郭沫若的诗歌是质疑的声音之一。

诗人的激情更多地弥漫在他那几年的话剧创作中，《屈原》《虎符》《高渐离》《孔雀胆》和《南冠草》等历史剧作，不仅是郭沫若的也是现代文学史的杰出之作。重读《屈原》，我们仍然震撼于"雷电颂"，依然能够看到郭沫若行吟的身影，聆听到他的声音。

五

从政治部第三厅退出后，郭沫若再次集中精力返回故纸堆，他对先秦诸子思想的研究，在 20 世纪 40 年代初中期达到巅峰状态，在学术史上留下了许多讨论的话题。《十批判书》于 1945 年成书，之后的七十余年，一直争议不断。但毫无疑问，因为这些著作，郭沫若作为一代史学家的地位已经无可撼动。我无法在专业范围内讨论《十批判书》及其姊妹篇《青铜时代》的具体问题以及《十批判书》的学术史，但我们或许可以尝试还原郭沫若写作《青铜时代》尤其是《十批判书》的语境和心境。

学术上的焦虑一直在郭沫若心中低回，他在给翦伯赞的信中说："弟自归国以来，学殖荒废，在东所搜集之资料，手中一无所有，颇为焦躁。"在 1941 年 12 月 25 日复信杨树达时，再次说到自己久废学问："自芦桥事变发生，弟由日只身逸出，所有研究资料概被抛弃。归国以来，复为杂务所缠，学问事早已久废不讲。"次年 4 月，收到杨树达《京师解》等著作后，郭沫若回信说："处重庆实如居炼狱，突与学术空气接触，倍觉穆如清风也。"

1943 年 8 月，郭沫若完成了《墨子的思想》《秦楚之际的儒者》《述吴起》等学术论文，9 月又完成《公孙尼子与其音乐理论》《吕不韦与秦王政的批判》，1944 年先后发表《韩非子的批判》《古代研究的自我批判》《孔墨的批判》《儒家八派的检讨》《稷下黄老学派的批判》《庄子的批判》《荀子的批判》和《名辩思潮的批判》等，"批判"系列后来结集为《十批判书》。而在 1944 年 3 月 10 日完成，发表于 3 月 19 日、20 日《新华日报》副刊的《甲申三百年祭》则成为延安的整风文件，同年 4 月 18 日、19 日延安《解放日报》转载此文。

郭沫若为此做了充分的学术准备。他说他差不多彻底"剿翻"了秦汉以前的材料，涉猎考古学、文献学、文字学、音韵学、因明学等，他也做了准备和耕耘。在这样的基础上，郭沫若无疑是想实施他的宏大学术抱负。郭沫若坦承他受到新史学的影响，朋友们以新史学立场写出来的关于古代史、古代学说思想史的鸿篇巨制给了他一番鼓励，他和他们在方法上接近，见解和结论却不一定相同。但无论如何，正是在朋友们的"刺激"和"鼓励"下，他才有了近两三年的关于周、秦诸子的研究——这正是我们今天讨论郭沫若时面临的一个巨大难题。如果不能在学术上认识郭沫若这些研究的要义，而是在政治上指出郭沫若此后转变某些学术思想的错误，对郭沫若的拷问或许并没有触及郭沫若的筋骨。我们究竟有多大的能力反思郭沫若后来的错误？当我在叙述和反思郭沫若时也陷入了这样的困境。

在《我怎样写〈青铜时代〉和〈十批判书〉》一文中，郭沫若简述了他的学术历程和转向："亡命生活又是十年，在日本人的刑士与宪兵的双重监视之下，我开始了古代社会的研究。为了研究的彻底，我更把我无处发泄的精力用在了殷墟甲骨文字和殷、周青铜器铭文的探讨上面。这种古器物学的研究使我对于古代社会的面貌更加明了了之后，我的兴趣便逐渐转移到意识形态的清算上来了。"郭沫若在日本留学十年，懂得了科学研究的方法，在科学研究方法之外，郭沫若接触了近代文学、哲学和社会科学，辩证唯物主义给了他精神的启蒙。当他从20世纪30年代开始所谓"清算"意识形态，即研究中国古代社会、古代思想史时，科学的研究方法和辩证唯物主义为他的学术打开了广阔而深奥的空间。而他在后来让人诟病的言行和著述，在方法论上恰恰是偏离了他曾经坚守的科学研究方法和辩证唯物主义。

重读郭沫若写于七十几年前的这段文字，仍然能够想象出郭沫若当年内心的自信和字里行间的意气风发，他是那一代人中能够把自己的信仰、情怀、人格和学养融于文字的一位："我比较胆大，对于新史学阵营里的多数朋友们每每提出了相反的意见。我坚持着殷、周是奴隶社会，重新提出了更多的证据和说明。我对于儒家和墨家的看法，和大家的见解也差不多形成了对立。我自然并不敢认定我的见解就是绝对的正确。但就我所能运用的材料和方法上看来，我的看法在我自己是比较心安理得的。"

　　新史学的研究风气只是学术环境，而文化现实则是郭沫若研究和写作古代史、古代思想史更为关键的语境。时局的翻转、文工会的聚散、个人命运的沉浮等都成为郭沫若此时学术研究的影响因素，并且折射在他的研究和写作中。郭沫若说假如有更多的实际工作让他做，他并不甘心做一个旧书本子里的蠹虫，从事古代学术的研究，"事实上是娱情聊胜无的事"。如果联系到文工会的处境和文工会解散后文化界左翼人士的精神状态，郭沫若的学术研究不无反抗时局和文化现实压迫的因素。他用学术研究的方式来突破限制，希望获得思想和学术的自由。

　　《青铜时代》和《十批判书》确实是我们今天透视郭沫若思想历程的一个关节点。他著作中的民本思想、对秦始皇暴政的否定等，和他在1945年前后关于民主自由的言论等相呼应，与当局构成了紧张关系。即便是他的"尊孔"，也不同于当局的意识形态论述。郭沫若研究古代史和古代思想史的论著，也在"红与黑"的政治光谱中产生不同的反响。《甲申三百年祭》被中共中央确定为整风文件，而在这厢，则遭遇到了打击。1944年4月21日，郭沫若致信费正清，特别说到了这篇文章在重庆的遭遇："近几个月来，我在研究明朝末年的历史，读了一些古书，打算把李自成所代表的农民运动写成剧本。""我的剧本计划遭了打击。原因是三月十九日是明朝灭亡三百年祭的纪念日，我在《新华日报》副刊上发表了一篇纪念文章，不料竟遭应该以革命为生命的某报于三月二十四日用社论来做无理取闹的攻击。"

　　或许就是从这个时候开始，郭沫若以研究"意识形态"为主的学术再也无法超越变化中的"意识形态"。差不多二十年以后，

1963 年 4 月郭沫若给翦伯赞的信，谈到翦伯赞广西纪游诗中"雄才千古说秦皇"一句的修改："'雄才千古说秦皇'句，建议改为'雄才今日识秦皇'。因为古来都是骂秦始皇的，由毛主席的《沁园春》才把他肯定了。这样说，也和老兄的'不到灵渠岸，无由识始皇'扣合起来了。"又过了若干年，他因"尊孔"而处境艰难。

1971 年，郭沫若出版了他晚年的最后一部著作《李白与杜甫》。在这部遭到广泛非议的著作中，郭沫若阐释了他对李杜的理解。我们都注意到，郭沫若不屑杜甫为了仕途攀缘朝贵，不择对象，相比之下，郭沫若认为李白虽然也有"十分庸俗"的一面，但还比较能洁身自好，而杜甫的庸俗则远甚于李白。反对趋炎附势、阿谀奉承的尺度，郭沫若同样用在李白身上。"其实李白的值得讥评处是在他一面在讥刺别人趋炎附势，而却忘记了自己在高度地趋炎附势。"后来有不少人用郭沫若评价李白的这句话来讥评郭沫若。

现在重读《李白与杜甫》，在文字的亢奋情绪之中，会发现郭沫若的清醒之处。当他如此评价李白时，他是否想到了自己，我们无从知道。郭沫若说得不错，李白的性格是相当矛盾的，"他有时表现得清高，仿佛颇有浮云富贵、粪土王侯的气概，但他对于都门生活乃至宫廷侍从生活却又十分留恋"。《李白与杜甫》中的郭沫若，也是一个内心充满了矛盾的郭沫若。我们无法类比郭沫若和李白的性格矛盾，如果天假以年，郭沫若能够走出他晚年的悲剧，并像巴金、周扬那样忏悔、反省和自我批判吗？

六

1945 年 2 月 22 日，由郭沫若起草、文化界三百多人士联名的《文化界时局进言》在《新华日报》发表，这篇题为《文化界发表对时局进言，要求召开临时紧急会议，商讨战时纲领，组织战时全国一致政府》的进言，在国内引起极大反响，这无疑加剧了郭沫若等和当局的紧张关系。3 月 30 日，文工会被解散。31 日，《新华日报》发布文工会被解散的消息《文化工作委员会昨日奉令解散》，副题是"该会由郭沫若先生领导，包括文化界许多知名之士，对抗战文化贡献很大"。隔天，《新华日报》的报道说，从早到晚，前往郭沫若寓邸拜访慰问的中外人士络绎不绝。

4 月 1 日晚纪念文工会七周年的聚餐会，几乎成了文化界抗议当局的活动，沈钧儒、章伯钧、翦伯赞、马宗融等百余人参加。《新华日报》第二天的报道说"会场空气至为紧张严肃"。主持聚餐会的沈钧儒说："抗战期间，文化工作各方面都很需要，文工会的被解散，只能认为是由于暂时政治上的变动。机关可以被解散，但文化工作者工作精神，是无论如何不能解散的。"

翦伯赞在讲话中反问道："我不明白，同是抗战时期，同是一个部长，今日认为机构重复而解散文工会，但当初为什么不怕重复而设立文工会？我不明白，为什么是文工会重复了三厅，而不是三厅重复了文工会？为什么裁文工会而不裁三厅？"记者在报道中用了"加重"两个字来形容翦伯赞接下来讲话的语气："历史的发展，是全体支配局部，而不是局部支配全体。机关虽被解散，到马路上也可以团结起来的，中国绝对不能从世界的主流分开的!"翦伯赞说文工会"终于今日",正是文化工作者从事新民主主义文化工作的开始。

顺着翦伯赞的"终于今日",郭沫若站起来说:"所谓'始于今日,终于今日',不是说的文化,而是说的'花瓶'。我们恢复了本来的面目,我们是更自由了。"他用了"花瓶"来形容文工会在战时政治格局中的身份。如果联想起郭沫若等人当初同意组建文工会,其实,从一开始他们就意识到"花瓶"的身份,便利用这样的身份从事抗战文化工作。现在,这个"花瓶"被打碎了。

文工会的解散,激起了激烈的反弹。4月8日晚,沈钧儒、左舜生等重庆各党派领袖发起的欢宴郭沫若及文工会同仁的活动,有一百几十人参加。当时媒体报道出席宴会的各界人士有郭沫若、沈钧儒、左舜生、章伯钧、柳亚子、黄炎培、董必武、王若飞、谭平山、陶行知、张志让、马寅初、邓初民、郭春涛、史良、沙千里、施复亮、翦伯赞、侯外庐、高崇明、孟宪章、何公敢、吴藻溪、史东山、阳翰笙、于伶、吴祖光、夏衍、高龙生、胡风、冯乃超、宋之的、白薇、叶以群等。——这份名单已经透露了知识分子和民主党派人士在1949年分道扬镳的信息。

沈钧儒致辞时说:"今天到会的朋友对郭先生的道德学问都是极为钦佩的。"侯外庐如此说郭沫若在文化学术方面的成就:"郭先生在文化学术方面的伟大贡献,使他不但是中国的权威,也是世界的权威之一;他几十年来奋斗所得的文化成果,给了我们许多不朽的著作。我们相信郭先生今后还要更多创造有利中国人民的作品。"史东山在席间发言时则明确提出"今后我们一定要跟着郭先生的路走","郭先生的伟大成就是不用多说的,他不仅领导着学术文艺工作者，就是从戏剧电影方面来说，也是他在领导着我们。我们愿学习郭先生及文工会诸先生的精神和作风，以他们各位先生的路线为马首是瞻。文工会虽已解散，但不减我们对郭先生的尊敬。今后我们一定要跟着郭先生的路走；我们的精神永远联系在一起"。

郭沫若作为以民主自由反专制独裁的"文化战士"形象也随着文工会的解散得以塑造。代表中共中央和董必武致辞的王若飞，在"中国人民缺乏民主权利"的前提下，谈论郭沫若的贡献与意义："郭先生在世界文化事业上所起作用极为伟大，他在抗战爆发之初，抛妻离子冒险回国，八年来因中国人民缺乏民主权利，以郭先生之伟大能力，始终不能充分发挥，这是非常遗憾的事。我们伟大的抗战中，郭先生不能像各国大学者那样做极大贡献，这是国家的损失，其责任决不在郭先生。现在文工会虽已解散，全国人民及全世界民主人士都是同情和拥护郭先生的；会虽解散，中国人民仍然需要郭先生。"邓初民更是直截了当地说："有人说解散文工会是经费关系，或是机构重复，这并非正当理由；而是要统制文化。有人说所以要解散是由于这些人是左派，这也没有理由，今天全世界只有民主与法西斯之别，没有什么左派右派的区别。"此时现场掌声大起。邓先生接着说："我要特别提出：凡是没有解散文化工作、有言论集会结社身体思想自由、没有特务集中营的，都是民主的地方。"记者在报道中说，此时现场掌声再次大起，电灯突然放光，全堂哄笑。

在这样的氛围中，郭沫若回忆了七年来的工作，自谦没有什么收获，表示自己很惭愧。他在最后如此诉说自己的心志："文工会是解散了，文化工作却留下了，从今天起我们要真正开始工作。我回国的时候有一首诗说到：'四十六年余一死，鸿毛泰岱早安排'……我随时随地可以死，但是只要我一息尚存，在诸位先生鼓励下，我仍要做一个民主、文化、文艺的小兵。我补充陶先生一句话，我就是死了在坟墓里，也要从事文化工作！"陶先生即陶行知。陶先生在会议上说中国文化有两个方向，一是提高，二是普及。陶先生希望郭先生筹备一个民主的研究院，或者办一个新世界研究院。他设想了在哪里办研究院的可能和不可能，甚至提出，就是在监狱里也要办新世界研究院。陶先生此番话出，现场一阵狂热掌声。

活动的发起者之一左舜生致辞时说："郭先生过去的自由天地太狭，现在我们欢迎文化界的斗士回到更大的自由天地中来。"或许是受到左舜生这句话的启示，《新华日报》报道此次活动的标题是《在不自由的狭小天地里欢宴文化战士郭沫若》。

七

左翼知识分子与政府的模糊边界，在抗战即将胜利之前日渐清晰起来，文化上的统一战线日渐解体。左翼知识分子如何选择未来的道路，或者说如何以一种新的方式生存，在此时成为问题。

也就是在 1945 年 4 月 8 日的宴会上，翦伯赞用"兔死狐悲"来抒发现实中的处境和沉痛感："听了邓初民先生的话，感到有些兔死狐悲，我们文化工作者抗战后到后方来，为了反抗日本法西斯，争取中国的独立自由。但是我们竟无一人能得到工作，都陷于饥饿线上，还很可能进监牢。费巩教授失踪，在这堂堂首都，这是什么时代？文工会解散是表示最后扫荡自由主义文化，这是中国文化的灾害，也是对中华民族灵魂的侮辱！"翦伯赞说书不能教了，文章不能写了，他觉得如能拉洋车，可组织一支文化洋车队，由郭沫若先生带头。

侯外庐想到的方向是，在政府之外，设立民间研究机构。他以欧美为例，最有成就的学术研究机关差不多都不是官办的；即便是苏联，有名的学者也是独立发展其研究。他建议不妨计划设立民间研究所，以为对民主文化更为有益。陶行知提出的设立民主研究院或新世界研究院与侯外庐是同一种思考方向。

在重庆的董必武，代表共产党向国民党政府提出要求，委派郭沫若作为中国出席旧金山会议代表的顾问。董必武最终成行，而郭沫若则没有做成顾问。王若飞在4月8日公布这一建议时说："我们提出不是随便的，中共领导的解放区现已有一万万人口，九十万军队，二百五十万民兵，一百二十万党员，这样大的地区和人民希望郭先生当我国出席联合国会议代表的顾问。"王若飞认为国民党政府应该能够接受中国共产党的这一建议，万一不能，则欢迎郭沫若到解放区去。中国的政治结构已经在酝酿深刻的变化，而从狭小的天地回到更大的自由天地里的郭沫若，在这样一个变化中，已经获得了新的政治力量的支撑。

1946年5月2日，已经由中华全国文艺界抗敌协会改名为中华全国文艺协会的同仁，在韦家院坝十六号举行文艺晚会，欢送郭沫若、田汉离渝。郭沫若原定5月3日离渝飞往南京，因飞机缘故延期留在重庆。短期留渝的郭沫若得以出席5月4日"文协"成立八周年大会并讲话，5月5日《新蜀报》的新闻稿记录了他讲话的一些内容。郭沫若认为，在中国，"五四"是值得纪念的节日。他说："今天封建体系的各种机构，大体上崩溃，但是封建的意识，却残留在每一个角落。……还须请'德先生'和'赛先生'来，就是要完成民主化和科学化。……今天的文艺应当比政治民主化，人民要求政治民主化、军队国家化，要求和平。文艺是为人民说话的工具，不强调政治性是错误的。我们要求文艺工作者具有高度的政治认识，反对任何战争，辨别真和假，打倒假民主假自由的力量。"

这大概是郭沫若在重庆的最后一次公开演讲。新闻稿记录下的郭沫若讲话片段，几乎构成了郭沫若在 50 年代之前的思想轮廓：反帝反封建，民主与科学，文艺与政治。

八

1946 年 5 月的半周刊《消息》上，"蜀中客"发表了一篇短文《郭沫若的奋斗》。在这位作者的眼中，身在南京的郭沫若和抗战那年比起来，显然老了许多：头发还没有白，可是稀了不少，大额角发着光，穿了一身半旧的中山装，精神勃勃，但是谈起话来，常常皱眉，似乎忧心如捣。

这位作者对离沪之后在内地为抗战、为民主而奋斗了九年的郭沫若做了这样总结性的叙述："抗战初起的时候，郭氏和田汉、夏衍、胡愈之等，奔走前线劳军，写了不少文章，上海沦陷之后即来香港，经广州入武汉，担任了政治部第三厅长，武汉时代颇多作为。武汉沦陷后经长沙、桂林入蜀，政局逆转，辞三厅职，委员长特别为他设了一个'文化工作委员会'。起初也颇做了一些工作，后来不断有人进谗，说他的部下思想不纯正，工作便受了限制，他老先生便重归到著作方面，写了许多辉煌的剧本，如《屈原》《虎符》《孔雀胆》《南冠草》，几乎每个戏都收得了很大的成功。前年桂林失守，陪都争民主浪潮勃然而起，郭氏领导文化界发表了一个要求实现民主的宣言，因此招忌，张治中下令取消了'文化工作委员会'。从此无官一身轻，他便索性把全精力倾注于文化工作了。"这篇文章除了未提及郭沫若在重庆时期的学术外，大致勾勒了郭沫若那几年的经历。

内战烽火四起。1947年11月14日，郭沫若由上海乘轮船赴香港，于11月16日到达。1948年1月8日，郭沫若发表散文《我为什么离开上海》，强调自己的离沪是"恢复我的自由替中国人民服务"的权利。1948年11月21日清早，郭沫若在离开香港秘密前往东北解放区的前三天，完成了《抗战回忆录》（后改名为《洪波曲》）的写作。他在当日写的"后记"中解释了《洪波曲》只写到重庆之前的原因："大体上只写了一九三八年这一年的事，这可以说是在蒋管区抗战的高潮期。这倒可以成为一个段落。移到重庆以后，一切的情形更加变坏了。因此，我要请读者原谅，我就在这移到重庆之前把笔放下。"重庆的一切情形"变坏"，当然是原因之一，但重庆之于郭沫若远比郭沫若此时的判断要复杂和广阔许多。此时的郭沫若，向往明年的"人民的新春"，他已经无暇顾及整理他在重庆的那些日子，但重庆的郭沫若已在历史之中。

在离开香港的那天晚上，郭沫若在冯裕芳家中看到养金鱼的玻璃柜，有所感，赋诗云："平生作金鱼，惯供人玩味。今夕变蛟龙，破空且飞去。"

就是为了那一点气节

一

　　黄昏，老舍提着一只小箱子走出了济南的家门。

　　这是 1937 年 11 月 15 日。老舍匆匆收拾衣物，出门前抚摸了"痴儿弱女"的头，踟蹰中迈出脚步。别离的场景如此凄婉："弱女痴儿不解哀，牵衣问父去何来。"到了武汉，老舍在一首诗中闪回那一刻。老舍内心挣扎，不只是因为家属留在济南，他独自一人远行。此时，北平已陷入敌手，老舍曾函劝友人逃出北平，也就不会自投罗网。压在老舍心底的，是比"亲情"更重的"气节"二字：如果济南沦陷，自己被俘虏，被逼着做汉奸，怎么办？这一恐惧在老舍心里日夜盘旋。这是我在老舍文章中读到的唯一的恐惧情绪，即便他头顶盘旋着敌机。恐惧让人警醒，老舍告诉自己：一个读书人最珍贵的东西是他的一点"气节"。

　　老舍几经辗转，终于在 11 月 18 日到达汉口，他把这一天视为流亡生活的开始。其实，离开家门的那一刻，流亡已是他此后的日常生活了。从青岛到济南，由济南到武汉，再到重庆。路途中，老舍拿着一支笔，风把他的破帽子吹落在沙漠上，雨打湿了他的铺盖卷儿，比风和雨更厉害的是无数次敌人的炸弹落在他的附近，他半截埋在沙土中。——他在《八方风雨》中如此描述自己，并用了五个关键词诉说他的抗战：是流亡，是酸苦，是贫寒，是兴奋，是抗敌。

和许多同时代的知识分子一样，他们之所以成为历史人物，不仅因为著述，还与他们成为历史进程中的一个环节有关。在武汉的老舍，第一次成为历史中的一个环节。1938 年 3 月 27 日，全国文艺界抗敌协会在汉口总商会礼堂成立，老舍当选为理事。老舍《入会誓词》开篇便说："我是文艺界中的一名小卒，十几年来日日操练在书桌上与小凳之间，笔是枪，把热血洒在纸上。"

住在武昌的老舍，本想 26 日晚过江预备次日的事情，但天雨路脏，又要赶写文章，便于翌日起早前往汉口。空袭的恐怖像大雾一样弥漫着，倘若天晴，敌机便会结队而来，老舍因此深盼坏的天气。27 日凌晨五点，老舍便睡不安稳了。"假如晴天大日头，而敌机结队早来，赴会者全无法前去，岂不很糟？至于会已开了，再有警报，倒还好办；前方后方，既无从分别，谁还怕死么？"六点，老舍起身望去，红日一轮照在武汉大学的白石建筑上。老舍急走至江岸，他的眼前水声帆影，龟山隐隐。

"文章下乡文章入伍"，到达礼堂的老舍看到了白布条上的标语。在老舍笔下，出席成立大会的有周恩来、冯玉祥、郭沫若、郁达夫、丰子恺、老向、何容、楼适夷、王平陵、华林、宋云彬、钟天心、胡风、邵力子、穆木天、卢冀野、锡金、宋元、彭玲、蒋山青、盛成、孙师毅和日本作家鹿地亘等。老舍在这里第一次见到郭沫若、郁达夫和丰子恺。在成立大会上，周恩来、郭沫若相继发表了简劲有力的演说，冯玉祥、陈铭枢也在末了登台致辞。在武汉和重庆，冯玉祥将军给老舍很多照顾，这是老舍文章中始终带有温情的记忆。周恩来在会上说："历史上很难找到这样的大团结，因为文人相轻啊。可是，今天不但文人们和和气气地坐在一堂，连抗日的大将也是我们的会员啊。"晌午，在礼堂门外照相时，晴暖的春光照在大家的笑脸上。与会者在普海春饭店边午餐边开会，在空袭警报声中，会员们照常讨论"文协"会章。室外，敌机声和高射炮声响成一片，老舍听到饭店的窗户被震得哗啦哗啦地响。

老舍欣慰的是，"文协"理事会认为选举结果正是大家所期望的那样，不分党派，不论文艺主张，只管团结与抗战。邵力子、郭沫若、茅盾、胡风、冯乃超、郁达夫、姚蓬子、楼适夷、王平陵、陈西滢、张恨水、老向等都当选为理事。老舍在《八方风雨》中以此为例说，可以看出这些理事代表的方面有多广，绝对没有一点谁要包办与把持的痕迹。——这大概是"五四"以后文人最团结的一次集结，"左中右"的人都能够坐在一起。

4月4日，"文协"第一次理事会在冯玉祥将军寓所客厅召开。老舍当选为常务理事，被推为总务主任。此后数年，老舍和"文协"成为抗战词典中的关键词。此前，由谁来负责"文协"，各方都有政治考量。冯玉祥将军的秘书于志恭在回忆文章《老舍与文协》中记述，周恩来意识到如果由郭沫若和茅盾出面，张道藩那些人就不会来，甚至无法坐到一张桌子旁开会。周恩来征询冯玉祥的意见，冯玉祥推荐了老舍，评价老舍爱国，人缘好，无党无派，肯吃苦，在文坛有威望。老舍成了各方都可以接受的人选，"文协"能够团结抗战，与此相关。

冯玉祥将军不满政府和国民党里的一些人，但也坦承张道藩没有破坏"文协"的团结。1946 年冯玉祥将军被蒋介石遣往美国考察水利后，著有口述实录《我所认识的蒋介石》。他这样谈论"文协"的"政治生态"："在武汉这一个地方，最好的现象是大家都想团结一致，共同抗战。如同汉口成立的抗战（敌）文协，是舒舍予（老舍）他们领导的。我听说，这些拿笔杆子的文人，平时都是你挑剔我，我批评你，谁和谁都不易在一起；这一次为了打倒日本帝国主义，收复失地，雪我们全民族的耻辱，他们成立了抗战（敌）文协，大家全团结起来了，把自己互相指责的精神，集中起来对准敌人进攻！""假如在政府的人和党里的新贵族他们能了解到这一点，我想决不应该后来再弄个张道藩来专做挑拨离间的工作。虽然那位姓张的努了些力，到底也没有破文协的团结。这也可见不以最大多数人的利益为利益，而以很少数人的利益为利益，永远不会成功什么事体的。"冯玉祥将军认定张道藩做了"挑拨离间"的工作。

在武汉，老舍停下了两部长篇小说的写作，陆续写有关抗战的短文，一边写文章，一边办理"文协"的事务。艺术么？自己的文名么？都在其次，抗战第一。——老舍这样回答自己的也是别人的问题。笔在手中，一年来的流亡、别离和痛苦也就忍受下来。老舍觉得这一年的笔，沾着这一年民族的鲜血。虽然武汉有过三次空战大捷，但防空系统还是挡不住敌机的轰炸。7月12日，老舍在防空洞，炸弹落在四丈远的地方，他想象着东一片血，西一片火光。19日空袭，老舍躲在院外的土坡和豆架之间，炸弹落在十丈远。落弹时的呼啸声，像鬼音似的吱忽吱忽，老舍听到了他生平最难听的声音。

老舍曾有赴前方的梦，但体弱多病，一杯冷水残茶就能击垮他的身体。无法金戈铁马于疆场，只能以笔为旗，老舍决定停在武汉。到了7月末，武汉经历两次大轰炸后，已经疏散人口。老舍没有离开武汉的意愿，他相信武汉不会陷落，"文协"的朋友们会继续工作。当初，他以留在武汉为耻，现在疏散人口，他又以离开武汉为耻。但"文协"总会迁移重庆已成决议，老舍负责总务，不得不走。

1938年7月30日，老舍与何荣、老向夫妇、萧伯青一行五人带着"文协"的印鉴与零碎东西辞别武汉。除了萧伯青的船票费是"文协"开支的，老舍等人都是自掏腰包。这是一艘上海三北公司的轮船，挂着一面意大利的国旗，老舍挤在洋鬼子和鸦片鬼之间离开了武汉。

二

1938年8月14日，老舍到达重庆，上岸后直奔公园路青年会，但青年会已经客满，友人黄次咸与宋杰人让老舍等人暂住机器房内。从未睡过凉席的老舍，为了对付炎热买了凉席。睡在凉席上，老舍依然汗出如雨，伸手触摸周遭的墙桌椅，都是烫的，仿佛人在炉子里一般。不久，老舍住到青年会楼下，再搬到光线稍好的二楼，与何容同住一间。这时他开窗便能见到大江与南山，内心舒朗安静很多。老舍开始写文章，学大鼓书，写鼓词，写长篇小说《蜕》，尝试创作话剧，也用旧剧的形式写抗战的故事。萧伯青回忆说，老舍是从早晨写到中午，细水长流，从不懈怠；下午则是接待来访者，陪友人聊天，处理"文协"事务。

　　老舍遭遇了1939年的"五三""五四"大轰炸。5月4日，24架敌机狂炸重庆市区，历时1小时48分钟。敌机轰炸的重点目标是重庆最繁华的商业中心老城区上半城。敌机投下炸弹78枚、燃烧弹48枚。上半城37条街道被炸，市区七处由轰炸引起的大火蔓延，全市陷入火焰的包围之中，陪都遭受了空前的浩劫。冰心是1940年冬天从昆明飞重庆的。飞机在重庆上空下降时，她倚窗下望，还能够看到林立的颓垣破壁，上上下下地夹立在马路两旁。冰心当时的感觉是重游了罗马的废墟。5月3日敌机大轰炸时，老舍埋头写作剧本《残雾》。5月4日，他继续赶写剧本。下午4时，刚由成都到重庆的周文，和宋之的、罗烽来访，商谈文艺协会成都分会今后会务推动的办法。刚谈不久，警报响起；5时，警报又拉响。老舍抱着剧本《残雾》和周文等人躲进防空洞。18时20分，防空司令部发出紧急警报，随后敌机以密集队形飞临市区，轮番轰炸。防空洞中的老舍，听到了地面咚咚的轰炸声。19时许，警报解除，老舍从洞里出来，看到满天红光，青年会附近也是一片火海。

　　我在老舍《五四之夜》的叙述文字中，看到他从防空洞走出后的愤怒的眼神："这红光几乎要使人发狂，它是以人骨、财产、图书为柴，所发射的烈焰。"英国学者罗伯特·贝文《记忆的毁灭——战争中的建筑》观察战争与文明的思路独特，在这本书的封底印了三位学者、作家和图书管理员的文字。在塞尔维亚人烧毁了波黑国家和大学图书馆时，一位图书管理员说："城里到处飘散着还在燃烧着的软软的一页一页灰色的灰烬，像脏乎乎的黑色的雪。抓到一页灰烬，你还能感到它的温热，一时间你还可以看到奇怪的黑灰色底片一样的书页上的一部分文字，直到温热渐渐散去，书页在你的手中化为乌有。"这是一段打动我的文字。当我站立重庆街头时，想到这段文字，我触摸到的不仅是一页灰烬，一片瓦砾，还有在红色火光中一丝丝带血的魂灵。

头上顶着炸弹成为日常生活，大轰炸后的"文协"会所只能暂时移到城外的南温泉。老舍在南温泉住了几天，便回重庆与胡风、姚蓬子等商量筹备慰劳团事宜。"文协"理事会决定老舍参加北路慰问团去前线慰问抗战将士。临行前，老舍自备盘缠，又买了两身灰色的中山装。他后来常常穿着这样的衣服，几次水洗后衣服掉色，不灰不蓝。老舍自嘲像个清道夫。吴组缃对老舍说："你这是斯文扫地的衣服。"被老舍称为"长征"的北行，历时五个多月，行路两万多里。慰问团往西安，绕潼关，到洛阳，由洛阳去襄樊，出武关再回西安。而后，由西安奔兰州、青海、绥远、宁西、兴集……9月9日和9月21日，慰问团两次途经延安。毛泽东、朱德等均出席欢迎晚会和座谈会，并致辞。老舍的长诗《剑北篇》记叙了此次"长征"。北去远征前，老舍完成了话剧《残雾》，半年后他回到重庆，马彦祥导演的《残雾》已经成功上演了。

在重庆的前几年，老舍居无定所，可谓大流亡中的小流亡。

老舍在防空洞里无法写作，雾季过去，就预备下乡。冯玉祥将军便派人接他到陈家桥附近冯公馆的花园里。所谓花园，只有两间茅屋。春末夏初，屋外树木参差，枝头鸟儿鸣叫。此时此地，这境况也算"桃花源"了。之后老舍住过歌乐山，由滇回渝后，移住白象街新蜀报馆。1940 年 6 月，"文协"临江门会址被炸，老舍再随"文协"迁至张家花园 65 号新址办公。1941 年 6 月下旬，老舍写作剧本《面子问题》，用脑过度，患上头晕症，只能到北碚"文协"小住。在那里，他与朋友守岁。贫病中的老舍思乡情切，《北碚辞岁》云："雾里梅花江上烟，小三峡里又一年。病中逢酒仍须醉，家在卢沟桥北边。"这首诗现在成了楹联，挂在老舍旧居的圆门两侧。

　　老舍在流亡中一直忍受着与亲人别离的痛苦。他在离开济南四个月后给朋友的信中说："我怎样不放心家小，是你可想象得到的。"老舍觉得愧疚于妻子与儿女。1939 年在重庆第一次过生日那天，老舍想给北平的妻子与儿女写封家信，又担心暴敌检查信件。他也想到将家眷从北平接出，可是，路费从何而来？尽管只需几百块钱，但老舍阮囊羞涩。那些出版老舍作品的书店，也在战争中遭遇劫难，或不知去处，或停发版税，或书被抢空。从 1937 年"七七事变"到 1939 年，老舍只收到生活书店的十来块钱。此时，老舍的朋友林语堂在大洋彼岸的美国。林太乙《林语堂传》记载，林语堂 1939 年的总收入是四万二千美元，开销一万七千美元。是年年底，林语堂给太太买了一枚价值一千美元的钻石戒指。西南联大的罗莘田（常培）先生是老舍小学同学，又是老舍和胡絜青的介绍人。在北碚，罗常培由昆明来访他，拮据的老舍卖了一身旧衣裳，为了请他吃一顿小饭馆儿。但罗常培此时正闹肠胃病，吃不下去。老舍和罗常培坐在小饭馆里，"相视苦笑者久之"。

三

昆明之行，让老舍透过生活的大雾，看到了一丝阳光。1941年8月26日，老舍和罗常培搭机抵达昆明。在这之前，敌机轰炸了两个星期。为避轰炸，老舍先到歌乐山，再去陈家桥。流浪之际，刚刚结束了自昆明至东川西川和川南苦旅的罗常培来到重庆。老舍因罗常培介绍认识了西南联大的梅贻琦校长。梅校长获悉老舍的病情与生活状况，邀他到昆明住些日子。

初到重庆时，老舍怀念友人，想起终生难忘的三次聚会。第一次是在北平，杨今甫（振声）、沈从文请客，客有两桌，叶公超、朱光潜、朱自清、周作人、林徽因、罗膺中（庸）、黎锦明、魏建功、罗常培等在座。当老舍由武汉到达重庆时，老舍在北平聚会的那些友人，大多数到了昆明。老舍看重这些离开北平的朋友们的气节。"他们都最爱北平，而含泪逃出北平；什么京派不京派，他们的气节不比别人低一点呀！"国难当头，老舍看重的是"气节"。他后来的投湖，其实也是为了守住"气节"。老舍显然对落水的周作人不满，他在回忆北平聚会那段文字的最后捎带了一句："那次还有周作人先生，头一回见面，他现在可是还在北平，多么伤心的事！"在老舍心中，"气节"就是知识分子的灵魂。

老舍在昆明见到了久违的杨今甫（振声）、沈从文、闻一多、卞之琳、陈梦家、朱自清、罗膺中、魏建功、章川岛、冯友兰、钱端升、萧涤非、王了一、徐旭生和吴晓铃等，他觉得自己好像到了"文艺之家"。西南联大的这些老朋友和老舍一样在穷困潦倒之中，他们用特有的方式温暖老舍。依然风流儒雅但有点驼背的杨振声，请不起老舍吃饭，烤了几罐土茶，围着炭盆叙旧。在青岛大学教书时，杨振声自命"酒中八仙"，若非囊中羞涩，杨振声当和老舍浮以大白。罗膺中是西南联大校歌的词作者，也是《国立西南联合大学纪念碑》的书丹者。此时老舍眼中的罗兄显老、极穷，他给老舍包了饺子，煮了俄国菜汤。其他诸位先生，或请客，或陪同老舍观光。

从美国到重庆的费正清，也曾访问昆明。以他的观察，中国知识分子是战时通货膨胀的特别受害者，比普通人忍受着更多的压榨和痛苦。费正清在回忆录中这样记录蒋梦麟和梅贻琦两位校长："蒋梦麟和梅贻琦都是昆明学术界的领袖人物，都以苦行僧一般的形象著称，令人印象深刻。蒋梦麟近来没为北京大学做什么，生活越来越贫困，只能靠典当仅有的衣物和书籍维持生活了。如今他回到昆明担任中国最高学府的校长，他的夫人也在此设法寻找工作。他要比梅贻琦经济情况稍好一些，梅夫人隐姓埋名找了一份工作，被人发现后，最终被迫停止。"令人唏嘘。费正清夫妇参与的、1943年底实施的中美文化关系项目，其用意之一是缓解中国学者、作家的贫困。1946年，老舍成为这个项目第三批受邀访美的文化人。

老舍在西南联大讲演了四次。第一次是闻一多主持，闻先生说："大学里总是做研究工作，不容易产生出活的文学来。"老舍开场白回应说："抗战四年来，文艺写家们发现了许多文艺上的问题，诚恳地去讨论。但是，讨论的第二步，必是研究，否则不容易得到结果；而写家们忙于写作，很难静静地坐下来去做研究；所以，大学里做研究工作，是必要的，是帮着写家们解决问题的。研究并不是崇古鄙今，而是供给新文艺以有益的参考，使新文艺更坚实起来……"闻一多和老舍都是双重身份，如此谦逊和通达，仍是我们今天的楷模。

在昆明，老舍度过了抗战以来最快乐的日子之一。在城里住腻了，罗常培便陪同老舍下乡。提着小包的老舍和罗常培顺着乡间河堤漫步，老舍感觉风景既像江南又非江南，有点像北方又不完全像北方，这是"只有在梦中才会偶尔看到的境界"。此间，查阜西先生陪老舍去了大理。洱海不是老舍想象中的那么美，但喜洲镇给老舍留下了深刻印象。这个小镇的景象，让他有如到了英国剑桥的感觉。

几年前，我曾去寻访西南联大旧址和教授们的足迹。在西南联大的教室里，我想象自己坐在下面听大师们讲课。我想到的问题首先不是我们为何产生不了大师，而是如果时光倒流，我们能否像他们那样生活，那样工作；如果身陷困境，"什么天空能把我拯救出'现在'"？——这是西南联大学生穆旦在"文化大革命"时在《沉没》中写下的诗句。

四

在1942年的家书中，老舍说春天来了，阴暗的卧室已经有了阳光，一枝桃花插在桌子边的曲酒瓶中。实际上他的状态远不像他在家书中说的那样"身体稍强，食眠都好"。他一面写文卖钱，一面办理"文协"事务，"由忙而疲，由疲而病"。

　　老舍逐渐靠拢北碚。这个离重庆五十多公里的小镇，是实业家卢作孚的"试验区"。抗战后，大批学校和政府机关南迁至此，北碚成了战时的文化中心之一。北碚结集着老舍的许多朋友。那两年，老舍常来北碚。此地朋友多，又有住处。老舍常常到朋友家蹭饭，他不无调侃地说："虽然他们都穷，但是轮流着每家吃一顿饭，还不至于教他们破产。"在夏坝的复旦大学，有陈望道、陈子展、章靳以、马宗融、洪深、赵松庆、伍蠡甫、方令孺诸位。我去复旦大学旧址寻访，"登辉堂"仍在，人走楼空，整体景象已非当年。老舍曾应邀去复旦大学讲演几次，我在相辉渡口的岸上，想象着老舍上岸的情景。"登辉堂"陈列室展出复旦大学当年聘请老舍为兼任教授聘书的存根，说明文字将"舒舍予"误植为"舒乙"。那天小雨零星，曾经的复旦大学校园冷冷清清。

　　重庆物价飞涨，老舍只吃得起掺杂着稗子稻子的平价大米。空袭不断，老舍常常刚端起饭碗，警报就响了，他来不及挑拣饭粒中的稗子稻子，狼吞虎咽一碗饭粥，留下了盲肠炎的隐患。1943年10月，老舍患盲肠炎入江苏医学院的附属医院做手术，《割盲肠记》详记了他发病和手术的情景。住院期间，家眷由北平逃到了重庆，老舍无法迎接，同学史叔虎、李效庵二位帮忙找了车，将她们送至北碚。

　　老舍一家终于在北碚团聚了，他们在林语堂捐给"文协"的那幢洋房住下。老舍称这幢洋房为"多鼠斋"，他在1944年《新民报晚刊》上连载的《多鼠斋杂谈》述及日常生活中的许多细节。戒酒、戒烟、戒茶，甚至要戒荤，衣食住行都是麻烦事。朋友函约进城，老舍不敢行动，虽然想念朋友，渴望见面畅谈。但从北碚到重庆，等车、买车票、乘车的"挨挤费"是一千四百四十元。若在重庆住上一周，至少花费五六千元。若无重要的事，老舍轻易不去重庆城。

"先上吊，后戒烟"，这是老舍说过的话。此时重庆最差的香烟也卖到一百元一包，可老舍一天的烟量是三十支。老舍戒烟三个月，又复吸上了。没有烟，他只会流汗，一个字也写不出来。这大概是许多文人烟鬼的毛病。老舍的香烟，由使馆降为小大英，降为刀牌、船牌，再降为四川土产的卷烟。1944年新年到来时，老舍在此开始写作不朽的《四世同堂》。戒烟的老舍觉得长篇小说没有办法写下去了，晚间呆坐无聊，八时即睡。老舍自嘲，只能延缓上吊之期了。在萧伯青的眼中，老舍的抽烟状实在是痛苦不堪：烟变坏了，还是非吸不可。当他写作时，左手夹着香烟而不是吸着。他并不是悠然自得，而是愁眉苦脸，越吸越不是味，气得把大半截香烟往烟灰缸里一搋，连声直说："狗屁！狗屁！"赌气不抽了。可不一会，左手不自觉地又摸出一支香烟……

在这样的状态中，1944年，老舍又头昏又打摆子，写了三十万字的《四世同堂》。1945年，老舍病痛不断，原本想两年内完成《四世同堂》，到年底只完成了全书的三分之二。还有三分之一，只能留待在美国写作了。

五

北碚"老舍旧居"（又名"四世同堂"）坐落于北碚区天生新村63号，当年是蔡锷路24号。旧居陈列室有老舍在渝部分友人的介绍，这些友人有我们熟悉和不太熟悉的冯玉祥、郭沫若、茅盾、沈钧儒、冰心、胡风、阳翰笙、太虚法师、罗常培、吴组缃、臧克家、黄琪翔、萧伯青、老向、何荣、萧亦五，还有林语堂和梁实秋二位。老舍的这一朋友圈，颇能反映战时重庆的"文化版图"。

老舍和左翼文化人士交往密切，对抗战文化的主将郭沫若等怀有敬意。在《参加郭沫若先生创作二十五年纪念会感言》中，他如此定位郭沫若："作一个现代的中国人，有多么不容易啊！五千年的历史压在你的背上，你须担当得起使这历史延续下去的责任。"暂不论晚年郭沫若，此时的郭沫若是承担了延续历史的责任的。我一直想在老舍们的文章中选择一段文字来定位他们与历史的关系，老舍《感言》中的表述，或许是最精准的了。

曾经在南温泉与老舍短暂为邻的张恨水，也是一位政治倾向不明显的文人。他们是在"文协"成立后相识的。老舍说："恨水兄是个真正的文人"，"没有习气的文人"。老舍对通俗文艺没有成见，这可能是当时"新文学"作家对"通俗文学"作家最高的评价。老舍觉得张恨水心直口快，重气节，富有正义感，因而称他为"真正的文人"。老舍看重的还是文人的"气节"。重庆时的张恨水，在政党之间似乎也保持了适度的距离。夏衍在《懒寻旧梦录》中回忆，1943 年冬，林伯渠、王若飞从延安带了陕北的小米、红枣和大生产中纺出的毛织衣料到重庆。徐冰让夏衍给各界民主人士送些延安的土特产，多数人送小米，送毛料的不多。夏衍把一包礼品送给张恨水，张恨水迟疑了一下说："红枣和小米拜领了，这毛料，我不能收，因为做了衣服穿在身上，人家会说我和延安有关系了。"夏衍并未为难张恨水，认为他的考虑是对的。

"皖南事变"后，重庆形势更为严峻，共产党的"统战"工作并不容易。夏衍是 1942 年 4 月 9 日下午到达重庆的。这已是"皖南事变"后的缓和期。当晚他就在孙师毅家见到了周恩来。周恩来对夏衍说："你在重庆还得争取公开合法，以进步文化人的面貌，做统一战线工作。"重庆这个地方很奇特，国共之间既有明争，更多的是暗斗。周恩来还要夏衍去见潘公展。即便是左翼人士，也得和国民党官员周旋。"进步文化人"是当时不同政治背景的文化人的"符号"，他们如何在国共之间保持某种平衡也非易事。老舍一如既往地以团结抗战为原则，开展"文协"的工作。1942 年 5 月以后，从香港脱险的一些人，胡绳、乔冠华、胡风、宋之的、于伶、凤子等陆续抵达重庆。在张家花园，老舍主持了"文协"欢迎这些进步文化人的茶话会。

不问政治，只重"气节"的老舍，也明了政治给他和"文协"带来的尴尬和困境。谈到结集在《抗战文艺》周围的朋友和一些相关活动时，老舍说大家所谈的差不多都集中在两个问题上，一是如何教文艺下乡与入伍，二是怎么使文艺效劳于抗战。政治之于老舍是复杂的：一方面，文艺作品要送达军民，却没有经费资助和政治力量的支持；另一方面，"文协"办事困难，只要动一动，外面就有谣言。老舍对当局显然是不满的。谣言之一，便是张道藩所说的"老舍叫共产党包围了"。老舍不得不给张道藩写信，强调抗战的人他都拥护，不抗战、假抗战的人他都反对，并批评张道藩的话"有利于敌人，不利于抗战"。这样的尴尬和困境其实在武汉时期就已经出现，当年老舍便申明自己不是国民党，也不是共产党，他是个"抗战派"，谁抗战就跟谁。

很多年后梁实秋在台湾回忆老舍的文章中说："在名义上他是

中国文艺界抗敌协会的负责人，事实上这个组织的分子很复杂，有不少野心分子企图从中操纵把持。"梁实秋的话看似语焉不详，所指则不言而喻。认为"文协"不分党派的老舍地下有知，当不会同意他这位老朋友的话。但确实如梁实秋所言，"这个组织的分子很复杂"。

　　老舍超越"复杂"的方法是"不偏不倚"，在污浊的旧社会里，独立不倚。1958 年罗常培去世后，老舍撰文《悼念罗常培先生》，含泪写下"与君长别日，悲忆少年时"。罗常培会唱昆曲，老舍悲叹："莘田哪，再也听不到你的圆滑的嗓音，高唱《长生殿》与《夜奔》了!"我再读这篇祭文，感慨系之的不只是他们的友情，还有老舍对罗常培和自己做人做事的解剖："莘田所重视的独立不倚的精神，在旧社会里有一定的好处。它使我们不至于利欲熏心，去蹚混水。"

六

　　在北碚，梁实秋的"雅舍"和老舍的寓所相距甚近，两人时相过从。梁实秋印象中的老舍又黑又瘦，面孔憔悴，平常总是佝偻着腰，迈着四方步，说话声音低沉徐缓，但是风趣幽默。梁实秋称赞老舍对待谁都是一样的和蔼亲切，存心厚道，所以人缘特别好。梁实秋此番评价是有感而发。1938 年，梁实秋编《中央日报》副刊，征稿文嘲讽了"文协"，提出了著名的"与抗战无关"论。老舍不喜欢论争，但作为"文协"的总务主任，不能不回击梁实秋的说法，给《中央日报》写了"公开信"。因张道藩的干预，老舍的公开信未能发表。此时，老舍和梁实秋尚未谋面。

　　1940 年夏，老舍在北碚筹划"文协"被炸后新的办公地点。在友人引介下，梁实秋拜访了老舍。两人相逢一笑，从此成为好友。1941 年春，梁实秋患盲肠炎在江苏医学院做手术，老舍到医院探视。1943 年，老舍在盲肠炎手术后睁开眼，恍惚记得梁实秋和萧伯青在病房里，其他几位朋友似乎没有看见。胡絜青初到北碚，生活困难，梁实秋推荐她到国立编译馆做编审工作。点点滴滴，足见两人之间的深厚情谊。梁实秋绘声绘色地描写 1944 年募款劳军晚会上他和老舍说相声的情景，我在梁实秋的字里行间，在"雅舍"陈列的照片前，几乎听到了北碚儿童福利试验区大礼堂人仰马翻的笑声。

　　林语堂是 1940 年 4 月携全家由美国经马尼拉、香港回到重庆的。在遭遇了几次大轰炸以后，8 月返回美国。在当时很多人的眼里，林语堂是落荒而逃。对此，老舍在《八方风雨》中只有一笔带过："林语堂先生在这里买了一所小洋房。在他出国的时候，他把这所房交给老向先生与文协看管着。"平和的老舍，没有苛求他的朋友林语堂。

　　老舍和林语堂私谊甚笃。他初到重庆怀念远方的友人，提到三次难忘的聚会，第二次便是林语堂和邵洵美在上海请客，沈有乾、简又文等先生在座。第三次还是在上海，郑振铎请客，同席的有茅盾、巴金、黎烈文、徐调孚、叶圣陶等。当年林语堂去国赴美时，老舍曾作《代语堂先生拟赴美宣传大纲》，惟妙惟肖。现在重读，觉得老舍的代拟提纲其实是一幅林语堂的文化肖像。老舍和林语堂在重庆的故事不详，林语堂的《八十自叙》几乎没有多少文字说到他的重庆之行。倒是林语堂的三位女公子应美国出版社之约合著的《战时重庆风光》，留下了当时的重庆景象和他们的生活细节。这本林语堂仔细校阅过的书，虽然只是三个少儿的叙述，但林语堂的影子在字里行间。

长女如斯说："三年来同胞们在受痛苦，在打仗，同时我们在国外却奢侈的享受着，作了四处旅行。我不能再忍受下去了，不管如何我都要回国。"这位十七岁的姐姐已经懂得爱国，她生怕祖国的观念在脑海中黯淡下去，她要回到祖国，回到战争中的家。——这是回国。次女无双说："我们又要离别了，内心很不愿意。当我们动身时，我们在空中瞧着重庆，瞧着进防空洞的人群。啊，我不愿意离开，我愿继续住在重庆，和中国一道经受战争考验。但我们愈飞愈高，愈飞愈离重庆。原来，人们向相反的方向走去。"——这是去国。

我想象着林语堂遭遇大轰炸后的心情。孩子们并不乐意父亲离开的决定。无双说："我们不愿再离开祖国，不愿在战争进行的时候离开。但是我们却要走，因为父亲要这样，母亲自然要照顾着父亲，我们这些孩子得听话。"1999年4月，我第一次访问台湾，询问梁实秋和林语堂在台北的故居。青年朋友不知道梁实秋故居在何处，开车送我上阳明山参观林语堂故居。我看了林语堂的居室和花园，就明白林语堂在重庆是扛不住不时空袭的恐惧和生活的贫困的。和老舍，甚至和梁实秋相比，林语堂的去国当然是消极的，但林语堂的气节不亏。

林语堂举家再回美国，引发质疑和指摘。郁达夫为林语堂辩解说："如林氏在国外宣传的成功，我们则不能说已经受到了多少的实效；但至少他总也是为我国尽了一份抗战的力。这若说是镀金的话，那我也没话说。"其实，如斯在香港等船赴美时的想法，或许说出了许多人对林语堂的期待。如斯觉得，身为林语堂的女儿，时时受到特别待遇，她宁愿像个普通青年，穿草鞋，吃糙米饭，在国内抗战到底。

1946年3月20日，老舍和曹禺抵达西雅图。由西雅图，到华盛顿，再到纽约，老舍和林语堂在纽约重逢了。也是在这里，他们从此天各一方。老舍在林语堂纽约的家中吃完圣诞节午餐后，和黎东方一起离开。林太乙援引黎东方的回忆说，老舍在回去的路上对去留问题举棋不定，黎东方劝老舍慎重选择。老舍说："我得回去，一家老小都在北平。"——这是《林语堂传》中的一段记叙。林太乙说当黎东方告知林语堂这一消息，她的父亲半天没有出声。

其实，老舍的选择有迹可循。抗战胜利后，国民政府颁发"胜利纪念章"，未授予老舍。1945年冬，老舍和萧伯青闲聊时说："你看他们这些人有多么笨！一个胜利章能值几文，对坚持抗战的作家每人发一个，皆大欢喜，岂不是比较好些，可他们偏不那样做，这倒真使纪念章不值半文了。"赴美之前，老舍在上海做《走向真理之路》的演讲。暌违上海十一年的老舍在演讲开场时说："十一年中却有八年在抗战中度过，最近来到上海，看到了很多老朋友与新朋友，非常高兴。日本人大概第一个要消灭的就是我们的文化，文艺对于发扬文化的力量很大，所以日本人把我们的文艺书籍与文人都想予以毁灭，不让他们尽其发扬文化之责任。无论是大后方或是沦陷区，干文艺工作的都是异常艰苦的。然而，却替国家争了不少气。今天看到'文协'的集会，并且有这么些人来参加，这正证明日本人的暴力不足以消灭我们的文艺与文化。

所以心里要说的话很多，但同时又感到无限难受，不知从那里说起才好。"老舍说大家要一同"走向真理之路"。

在台湾的文学史家发现了老舍在温和之中批评了国民党和政府。老舍说："不准说话当然不能是民主。""大家都高喊民主，而每个国家所喊的民主都不同，我国是怎样的呢？我们应该有怎样的贡献呢？你尽管说美国不行，可是美国发明了原子弹，英国也胜利了，而中国却只有炸圆子，炸圆子不能代替原子弹，不准说话当然不能是民主。我深盼着多出些作家，希望四万万人都练习着怎样使中国发出声音来，虽然，八年的声音不算小，但都是呐喊声，炮声，现在应该替人民发出声音来了。"老舍讲完这段话，又说："这正是时候。"

老舍回国的路线和林语堂举家回国一样，经马尼拉往香港，但老舍又转往南朝鲜的仁川，12月9日到达大沽口。

七

1950年1月4日，全国文联在北京饭店举行新年联欢会，欢迎归来的老舍。主持联欢会的则是茅盾。

差不多五年之前，茅盾五十岁时，老舍撰文《给茅盾兄祝寿》。老舍感慨地说："时间有多么不从容啊！恐怕在'五四'运动中，那些想一拳打倒孔庙，另一拳打开科学与民主政治的大路的年轻小伙子们，到今天，都是四五十岁了吧。"老舍说他要落泪，不是因为头生白发，而是"五四"青年们的分道扬镳："运动中的热血青年，到今天，还有几个依旧热烈、依旧时时地握起拳头呢？哼，有的变成了官僚，有的变为富贾，有的还改为希特勒的崇拜者呀！我的天！"

这是 1945 年 6 月，抗战胜利之前。老舍想到"五四"、"五四"青年，想到知识分子道路的分化。五四运动爆发时，老舍 21 岁。他曾经思考过"五四"给了自己什么，答案是：反封建体会到了人的尊严，反帝国主义感受到了中国人的尊严。老舍甚至认为如果没有五四运动给他的这点基本东西，他便什么也写不出。

历史会把许多人压垮，使之变形甚至是支离破碎，但扛起历史的人如何延续责任，在现代中国知识分子那里则有不同的选择，并因此分出不同的道路。在叙述老舍和他的朋友们时，我内心充满困扰。老舍当年或许已经意识到并且想清楚了这个问题，即什么样的"诗人"才是"伟大"的。老舍在《感言》中的答案是："只把热情写在纸上，大概算不了诗人，我想，一个真正的诗人，必是手之所指，目之所视，都能使被指的被视的感到温暖。诗人是一团火，文字、言语、行动，必有热力；若只在纸上写些好听的，而在做人上心小如豆，恐怕也就写不出最光辉的东西来吧？好听与伟大还相距甚远。"这或许是我们审视陪都重庆知识分子的一把尺子。

也是在 1945 年，老舍在《痴人》中说："谁知道这点气节有多大的用处呢？但是，为了我们自己，为了民族的正气，我们宁贫死，病死，或被杀，也不能轻易地丢失了它。在过去的八年中，我们把死看成生，把侵略者与威胁利诱都看成仇敌，就是为了那一点气节。我们似乎很愚傻。但是世界上最良最善的事差不多都是傻人干出来的啊！"

我曾经设想，老舍在 1966 年自沉太平湖之前，或许会回溯他流亡生活的一些细节。他会想到《痴人》中的这段自问自答吗？

"我将他们视作道德英雄"

一

1972年5月，费正清和他的夫人威尔玛（费慰梅）经香港、深圳、广州再到北京。当他们带着四十年前的北京记忆重新打量北京时，费正清说威尔玛"备感伤心"，北京已经不是原来的面貌了。

"四十年前"的1932年初，费正清几经辗转到达时称"北平"的北京。1931年圣诞节的当天，在牛津大学获得博士学位的费正清，乘坐"阿德勒号"货船从热那亚出发，经过六周的海上航行，在吴淞炮台战区外改乘邮轮驶向上海。几天后，费正清从上海坐船前往天津，再坐火车抵达北京。这位带着"模糊设想"来到北京的美国青年人，被北京城深深地折服了。在很多年后的回忆中，费正清仍然能够清晰地用数字描述北京的内城、外城和城门，以为"世界上再也没有比这更伟大的奇迹了"。隔了几个月，威尔玛乘坐"长女丸号"抵达塘沽，费正清将她从天津接到北京。

费正清当年的文稿叙述了他们途经紫禁城到达胡同的情景："在回家的路上我带着威尔玛途经紫禁城，我们坐车穿过城门，行程共四分之一英里。我们沿途欣赏了一下本地风光，黄昏时到达我们居住的胡同。我扶着威尔玛踏过红色的木门槛，带着她摸索着走路，穿过仆人的院子进到了前院的门口，庭院里鲜花盛开，透过中国式的窗户和大门可以看到客厅透出的朦胧的灯光。"不久，在这间弥漫着中国式古典诗意的院子里，约翰·海耶斯牧师主持了他们的婚礼。

再回北京的费正清夫妇寻访了他们位于东城的旧居："以前我们的前院住着 5 个仆人，我们所在的院子则有一棵枝繁叶茂的紫藤，缠绕在通往前厅的过道上。如今，这两进院子合二为一，显得破旧不堪，成了一个住有 30 多户人家的大杂院，从前的花园早已被种植的一些蔬菜取代，几乎辨识不出是我们昔日的小院了。我从前的书房如今住着我们老房东的儿子和儿媳妇——金先生和金太太。"

费正清途经香港时，拜访了时任香港中文大学校长的李卓敏——这位战时重庆的桥牌搭档。费正清当年访港的文字记录中如此感叹："显然人的年纪越来越大，世界也越来越小了。从前的学生现在成为总领事，过去的同班同学如今成为商业巨头，旧时的好友如今也成了高等院校的副校长。"李卓敏曾先后在南开大学、西南联大、中央大学任教。1946 年，由美国汉学家、芝加哥大学教授宓亨利主编的《中国》一书，李卓敏撰写了第三部分其中一章"国际贸易"。

在北京，费正清终于见到了他在大陆的老朋友们：乔冠华、周培源、陈岱孙、张奚若、金岳霖、钱端升、费孝通和邵循正等。外交部副部长乔冠华作为东道主设宴招待了费正清夫妇，在前一天北京大学校长周培源举行的欢迎晚宴上，乔冠华也前来拜访他们。几个月前，1971 年 11 月，乔冠华率中国代表团赴纽约参加第二十六届联大会议，费正清曾邀请他访问哈佛大学。但中美没有外交关系，乔冠华不能擅自离开纽约。到北京后，费正清夫妇还访问了北京郊外的"五七干校"和延安。从延安返回北京，又与周恩来总理共进晚餐。此时的费正清也许是悲欣交集，旧时的很多好友已经告别人世，最亲密的朋友梁思成于 1972 年 1 月辞世，杨刚自杀了，龚澎病故了。我们在费正清的《中国回忆录》中读到了他这些老朋友的出场情景。乔冠华热情而机智，从"干校"回来的费孝通展示了结实的肌肉，张奚若滔滔不绝但并没有说什么实质性的内容，钱端升坐在桌角处、远离主人，邵循正在晚宴告别时低声对客人说"继续写下去"。

此时此刻，如费正清途经香港时的感叹那样：人的年纪越来越大，世界也越来越小了。

二

1942 年 9 月 25 日，费正清从昆明飞往重庆。在昆明等待航班的那几天，费正清借机看望了大学中的一些朋友。

梅贻琦校长比费正清记忆中的要更加消瘦，衣着破旧，为人依然热情。张奚若一家住在秦氏宗祠中，钱端升和梁思成夫妇则住在昆明五英里之外的乡村。张奚若陪同费正清驱车到了龙头村，拜访了钱端升。返回昆明城后，费正清参加了梅贻琦校长在家中的宴请。费正清当年的文稿如此记录："梅博士的房子很大，尽主人之谊，邀请所有教职员工，他们大多数在顶楼住宿，也没有多余的地方接待其他访客。据温德说，梅博士一个月的工资还不到600元，而这次宴会的花销绝不少于1 000元。考虑到这个问题，我们送了梅博士一瓶一英寸高的治疗疟疾的阿的平药片，这应该可以换回1 000元了。"

战时通货膨胀带来的反常现象和昆明教职工的生存状况令费正清"极为震惊"，他立即写信向华盛顿做了汇报。我后来偶然读到在西南联大任教的冯至先生回忆联大生活的文章，明白了费正清何以"极为震惊"。冯至提及抗战结束后西南联大经济系教授杨西孟先生在上海《观察》杂志第三期发表的文章《几年来昆明大学教授的薪津及薪津实值》。杨教授从生活费指数为100、薪津约数与薪津实值相等的1937年算起，往后几年薪津的实值"如崩岩一般"地降落。根据杨教授的计算，到1943年下半年昆明的大学教授的薪津实值只等于战前法币八元三角，即削减了原待遇百分之九十八。1944年、1945年上半年薪津实值盘桓于十元左右。亲历了抗战中高度通货膨胀下的昆明生活，杨教授感觉有如"噩梦一场"，他感叹道："在抗战后期大学教授以战前八元至十元的待遇怎样维持他们和他们家庭的生活呢？这就需要描述怎样消耗早先的储蓄，典卖衣服以及书籍，卖稿卖文、营养不足、衰弱、疾病、儿女夭亡等等现象。换句话说，经常的收入不足，只有消蚀资本，而最后的资本只有健康和生命。"

费正清从昆明向北飞行。"越过一座又一座翠绿的山脊，绿色植被下是红色的土壤，半山腰布满稻田。我们上升到1.2万米高的云层中，随后又下降，河流和山岚一览无余。"但落地后，重庆给费正清的印象远不是在天空中升降时感受到的那种诗意："此地并不适合人类居住，因为没有平坦的陆地。人们简直成了力图找到安身之地的山羊。"在这个长江与嘉陵江交汇处岩石重叠的半岛上，费正清度过了十五个月。他后来回忆说，冷战或中国革命都没有令他感到"烦恼"，在重庆十五个月却是他烦恼的日子：晴天时日机轰炸，日常遇到的问题是潮湿。

重庆有很多费正清十年前在北京就认识的朋友。费正清拜访了行政院政务处长蒋廷黻，邂逅了前国立北平图书馆馆长袁同礼。费正清在重庆郊外访问了国立中央大学和南开经济研究所，经济研究所的何廉也是费正清的老朋友。特别让费正清兴奋的是，1942年9月26日，他在中央研究院的一个宿舍区见到了老朋友梁思成。费正清说，梁思成激动地握着他的手足足有五分钟。这是他们自1935年圣诞节分别后的第一次重逢。11月下旬，费正清搭乘小火轮沿着长江逆流而上访问李庄。费正清的印象是，梁思成的家庭生活一如既往地存在着各种错综复杂的问题，生活水平的降低使问题更加基本、简单。梁思成喜欢吃辛辣的食物，林徽因则喜欢偏酸口味。我们后来听到的关于他们纯美的爱情传说省略了日常生活中的问题。费正清当年的文稿详细叙述了梁思成家生活窘困的境况。费正清在李庄的一周，由于天气寒冷，大部分时间在床上度过，他被学者朋友们不屈不挠的精神感动。

与左翼人士的交往，是费正清在重庆的另一重要工作。费正清在1943年9月驱车前往文化工作委员会夏季使用的农舍，郭沫若和主要同事热情接待，宴会上喝了几瓶极品美酒。费正清感觉他和郭沫若的关系"越来越亲密了"。10 月，费正清又应邀参加了郭沫若的 50 岁生日宴会。随后，他又结识了茅盾和陶行知。费正清敏锐地发现文化工作委员会的实际困境，他当年的文稿写道："事实上，这个委员会更像是一种限制行为的围栏，已有很多知名作家被圈在里面。假如他们离开这里前往延安，将会对统一战线造成一场灾难。"有意思的是，1972 年费正清访华之前，老朋友郭沫若也表达了欢迎之意，但郭沫若并不在费正清想见的朋友名单里。

费正清坦率地说，一旦和乔冠华、龚澎、杨刚等成为朋友，他自己也会受到"左翼分子"的影响，而他个人也喜欢相应地对其施加影响。费正清意识到，这样的互动，既是个人行为，也是政治层面的互动。费正清后来回想，他对中国"左翼分子"的兴趣受到了家庭的影响，即倾向于支持受迫害者的自由主义的观点。费正清也试图在共产党和国民党之间保持某种平衡，他在 1943 年 10 月的记录是："这里生活的主题似乎就是物价与革命。我与菲利普·斯普劳斯一起宴请了国民参政会的共产党员董必武老先生和周恩来的秘书陈家康。前者说着令人费解的方言，后者则思维活跃，不时会冒出一个新想法。为了验证他们的说法，第二天早上我又去走访了国民党中央组织部战区党务处。周三与蒋介石的首席日本问题专家共进晚餐，于是我在想，周四我应该拜访共产党人士，这样才能保持大致的公平而没有偏见。"但费正清敏锐地发现，1943 年正是蒋介石集团走向末路的开始。

即便是落实中美文化关系项目，费正清也周到地考虑了左翼人士。战后重返中国，1946 年 6 月初，费慰梅和费正清为了挑选华北联合大学的四名学者前往美国进行为期一年的交流考察，经北京前往张家口。在那里，他们与周扬、丁玲、成仿吾、艾青等共进了午餐。费正清提到的这个细节，也让我感慨周扬、丁玲、艾青十年之后的关系变化。8 月，周扬几个人在上海准备出发前往美国。14 日，郭沫若、茅盾、胡风、吴晗等四十多人在郭沫若家为周扬送行。胡风在日记中写道："郭家晚饭，为周扬饯行之意。"这个交流考察计划因国民党政府拒绝给周扬等四人颁发护照而落空，周扬只能返回延安。我曾经设想，如果周扬能够成行，在美国考察交流一年，他的文学观会不会有所变化？

费正清将自己在战时中国的朋友分为两类：一类是受西方教育的追求自由主义的教授们，其中很多是 20 世纪 30 年代初在北京相识，如今再次重逢的老朋友；另一类是作为左翼分子的新朋友，他们也是西方教育在中国的产物，而如今则成为共产主义的拥护者并为之奋斗。费正清逐渐意识到："作为老一辈的自由主义者，他们所扮演的角色是权力的辅助者而非掌控者，因此他们并不能起到领导作用。而另一方面，年轻的左翼分子虽然不够强大，但是他们充满希望且足智多谋，也许有机会在未来有所发展。"费正清特别强调，"我的这两类朋友都在与当权者进行着殊死斗争，我将他们视作道德英雄"。

此时，费正清的信念是，中国的革命运动是中国现实社会中的内在产物，陈果夫、陈立夫为首的国民党内势力（CC 系）和戴笠的特务机构无法将其压制，蒋介石也根本无法与其对抗。对革命并无兴趣的费正清，在重庆卸任时产生的这一信念，只是源于

"某种共鸣"。他恰如其分地对自己与中国革命的关系给了这样的定位："在革命中，我只是一个多管闲事的旁观者，但我能够感觉到革命的风向。"

1943年12月，费正清带着这样的信念，回到了华盛顿。

三

在返回华盛顿的前一个月，1943年11月9日，费正清给亨培克的助理阿尔格写了一封信，并给费慰梅发了一份副本。费正清在信中更具体地说到了中国知识界的状况："左翼反对派包括中共党员和知识分子。前者公开身份立场并受到国民党恐吓，后者是大量的不接受共产主义但赞同对新闻审查制度与特务系统持批评态度。事实上，在过去的一年中，当局正在实施'遗弃知识分子'的计划，一些历史学家将其看作大革命爆发的前兆。同时，我也能够证明，从前很多坚定的反共亲美派的自由主义者以及大多数的美国人，如今却持有与共产党一样的观点。"费正清如此肯定左翼，以致他刚离开重庆，就有人谣传他因与左翼关系过于密切而被遣送回美国。

费正清写这封信时，费孝通正在美国访问。此时的费孝通是个不问政治、专心学术的自由主义者。费正清对费孝通在魁阁时期的学术工作曾经给予积极评价："费孝通是头儿和灵魂，他……似乎有把朝气蓬勃的青年吸引到他周围的天才。""他的创造性头脑，热情、好激动的性格，鼓舞和开导着他们，这是显而易见的。反过来，他们同志友爱的热情，生气勃勃的讨论，证实了他们对他的信任与爱戴。"1942年11月4日，美国驻华大使馆向中央大学、国立西南联合大学、云南大学、武汉大学、四川大学和浙江大学发出了邀请函，翌年初，金岳霖、费孝通、蔡翘、刘乃诚、张其昀和萧作梁等获选为"文化关系"项目第一批赴美访问的学者。费正清和费慰梅正是这个项目的推动者。

费孝通是作为云南大学的代表应邀访问美国的。按照原定计划，这六位学者应该于1943年5月由印度飞往美国，因在"中央训练团"接受整训而延迟。对接受这次培训，费孝通一直耿耿于怀。费孝通在"文化大革命"中写的交代材料回忆说："云南大学派我应美国国务院邀请去美国访问。当时国民党政府规定在出国前必须进伪中央训练团受训。我最初拒绝受训，后来以不做一般团员待遇为条件妥协了。在团内住约两个星期，不出操，不听课，后来知道是当了指导员，曾在小组中讲过关于英美社会礼节的介绍。副团长王东原曾请'访美教授'吃过饭。听过他的报告。结业时听过蒋介石的讲话。他是该团团长。并填写了发来的参加国民党的申请书。接受了蒋介石的相片、结业证明书，及一些书籍。""结业后，'访美教授'由陈布雷引见蒋介石，进行个别谈话。谈话内容除问我年龄、籍贯外，问我读什么中国书。我答：不读中国古书。他说：要多读读中国古书。在接见全体人员时曾问陈布雷，这些教授是否办了入党手续。陈布雷回答：在办。接着由陈布雷代表他举行宴会，表示送行，并说：这是第一次由外国政府正式邀请中国教授去讲学，所以政府很重视这件事。"费孝通后来对国民党政府的反感和政治上的转向与此事不无关系。

在昆明住久了的费孝通，不习惯冬寒夏热的华盛顿。费孝通在《初访美国》中说："假若没有慰梅太太的客厅，只为了我容易在蒸热天气里引发伤风气喘的宿疾，已够是我拒绝到华盛顿去的理由了。"这里提到的"慰梅太太"就是费正清的夫人费慰梅。费孝通初到美国时，在费正清、费慰梅华盛顿的寓所住过一段时间。所谓客厅，是一间白壁淡蓝色的小房间，客厅里有一个装饰用的壁炉、一架竹编的屏风，墙上有一幅中国的神轴，神轴绘着一个清代朝服的官员，费孝通感觉和他幼年时看到的挂在中堂的那些祖像容貌差不多。

费孝通对年轻的美国文化不无批判，但他是带着对美国的美好记忆回国的，就像费正清带着中国革命不可避免的信念回到华盛顿一样。费孝通初访美国的结论是："美国并不是一个天堂，不是一个理想的世界，可是他们是一个有天堂的人间，一个有理想的民族。因为他们眼睛望着上帝，他们有勇气承认自己的缺点，肯不惮烦地想在人间创造天堂。这一点，我自信并没有夸大。"

如同费正清预测的那样，许多自由主义者开始转向，费孝通是其中的一位。其实，在美国访问时，费孝通对时局就充满担忧，这一点，可参见胡适的日记。1943 年 7 月 28 日，费孝通拜会胡适。此时胡适已经卸任中国驻美大使，他当日的日记记载："费孝通教授来谈。他谈及国内民生状况，及军队之苦况，使我叹息。""他说，他的村子里就有军队，故知其详情。每人每日可领 24 两米，但总不够额；每月 35 元，买柴都不够，何况买菜吃？如此情形之下，纪律哪能不坏？""他说，社会与政府仍不把士兵作人看待！兵官每月 400 元，如何能不舞弊走私？"在记录费孝通谈话内容的上一段，胡适提及夏晋麟一班中国教授吃饭，谈及《读者文摘》最近刊出汉森·鲍德温的《关于中国的如意算盘》，夏拟有驳文。胡适劝夏慎重，不可生气，以为此文论中国兵力虽有小误，但大致可供借鉴。胡适和费孝通都叹息了。

回到昆明的费孝通深受闻一多先生的影响。闻一多先生批评了费孝通曾经囿于个人的伤感和不抗争的思想倾向，闻先生说："这往往是知识分子对现实无可奈何的一种想法，我自己过去就有过，而且钻进故纸堆，就像你们知道的，听任丑恶去开垦，看它造出个什么世界！结果呢？明哲可以保身，却放纵反动派把国家弄成现在这样腐败、落后、反动，所以我们不能不管了，决不能听任国民党反动派为所欲为了。"1945年，经潘光旦先生介绍，费孝通加入民盟，写下若干批评国民党政府的文字。费孝通终于成为一位闻一多先生所期待的"民主教授"。

四

当一批自由主义者转向时，左翼知识分子的内部也在发生着变化。

费正清对新结识的青年朋友乔冠华夫妇的印象是："龚澎和乔冠华夫妇真是令人赏心悦目的一对，但是他们充满了宗教式的革命热情并随时准备为此而献身。"

在重庆，张颖曾经听乔冠华诙谐地说："党外人士把我看成是共产党人，而党内呢，又有人把我看作党外民主人士。"如果我的理解不错，党内一些人如是观，无疑与乔冠华尚未消失的知识分子气质和恃才傲物的脾性有关。在香港时，乔冠华渊博的知识、横溢的才华和敏锐的国际时评就折服许多人。他在《新华日报》工作期间的文章，也有口皆碑。难怪，据说乔冠华曾经自夸"天下文章李杜乔"，这里的"乔"就是乔冠华。

其实早在清华读书时，乔冠华便常常"旁若无人"。他留给同学季羡林的印象是："在校时，他经常腋下夹一册又厚又大的德文版黑格尔全集，昂首阔步，旁若无人，徜徉于清华园中。"（《留德十年》）1935 年 8 月，季羡林和乔冠华一同赴德国留学。10 月，乔冠华和季羡林由柏林分赴图宾根大学和哥廷根大学。10 月 30 日，季羡林在日记中写道："同马、赵回到乔处已经九点，又开起座谈会来。从单人起，一直谈到中国文人的气节，谈到十二点才分手，可说痛快淋漓之至。这是在柏林最后的一夜，最后的一次畅谈，我仍然说，在柏林愚妄氛围中，能得到这样的谈友，也真算不坏了。"在德国，他们看到了许多稀奇古怪的、不念书的学生，分别的当晚，乔冠华对季羡林说："我们要干一个样给他们看。"在二十天前的日记中，季羡林对这位怀抱理想、恃才傲物的同学的评价是"乔人还不坏，唯好大言"。

胡风对乔冠华的恃才傲物也是记忆深刻。1977 年 7 月 18 日，根据"上面"要求所写的材料《关于乔冠华》中，有一段文字叙述周扬在上海准备赴美国访问的细节，其中谈到乔冠华对周扬的不以为然："这期间，周扬从延安出来到上海一次，是预备到美国去讲学的。住在办事处，他们当有公私接触。乔冠华和我谈到时表示看周扬不起：'他去讲学，讲什么呢！'不见得是故意对我才这样说的。"这里的办事处是指中共（南方）工作委员会外交事务委员会、中共南京局上海工作委员会在上海马斯南路 107 号的办公地点。乔冠华、龚澎住在这里，他们奉命办英文版《新华周刊》。胡风因此说周扬与乔冠华当有"公私接触"。我无法考订私下谈话的真实性，以乔冠华恃才自傲的特点，或许会讲出这样的话。此时，已经是粉碎"四人帮"之后，乔冠华的处境困难，而胡风除了陈述乔冠华的文艺观和他们之间的往来外，如梅志所说没有牵强附会地瞎编。

延安整风运动以后，乔冠华和陈家康以不恰当的文章做了回应，被延安批评为"才子集团"。此后，乔冠华的观点和方法都发生了变化。彭燕郊在《我所知道绀弩的晚年》中追忆了乔冠华、邵荃麟与胡风关于舒芜文章《论主观》的争论场景："那时（1945年在重庆），绀弩和我都住在文协作家宿舍，四间房的小茅屋，和荃麟、葛琴、骆宾基一起。一天，胡风、乔冠华先后来找荃麟，绀弩和骆宾基都出去了，胡风、乔冠华、荃麟整个下午都在谈《论主观》，荃麟留他们吃晚饭，饭后继续谈到晚上八点多钟。后辈的我，又不懂理论，一直坐在旁边听，没敢张口。荃麟、乔冠华（他已很快就摆脱'才子集团'的阴影）谈的，离不开党的思想文化政策必须贯彻执行，胡风反复强调的是：《论主观》的本意（当然也是他的本意）是从理论上更深刻地阐明党的思想文化政策，同样是在执行党的政策，不但符合当前的革命斗争要求，同时符合革命斗争的长远利益。三个人都强调就这篇文章开展讨论是必要的，有益的。"

关于乔冠华和胡风的交往，胡风在《关于乔冠华》的材料中有详细叙述。胡风在太平洋战争前的香港初识乔冠华，在太平洋战争爆发的当天，乔冠华想方设法营救胡风。1943年胡风和乔冠华在重庆邂逅后，两人成了"可以无所顾忌地谈话"的朋友。乔冠华是当年在重庆试图说服胡风改变文艺观的朋友之一，1955年3

月，乔冠华、邵荃麟和陈家康也曾受周恩来总理和陆定一委托与胡风谈话，乔冠华是主谈者。

和周扬、邵荃麟、丁玲、夏衍、林默涵、何其芳、刘白羽等党内的文艺领导者或工作者不同，乔冠华的主要身份与文艺界没有太大关系，但这位"北乔"和"南乔"胡乔木一样，懂文艺，也关心文艺。党的传统是把文艺看成党的事业的一部分，政治家通常会对文艺家和文艺创作表现出特有的重视。这在1942年延安文艺座谈会以后尤为突出。非文学专业的乔冠华、胡乔木、陆定一等对文艺有自己的见解，学养也好，能够融通文史哲，这是他们这一代知识分子出身的革命者一大特点甚至是优势。和他们这一代相比，后来者望尘莫及。革命文艺事业的发展，除了文艺家的革命之外，与革命家懂文艺、关心文艺有很大关系。文艺家如何革命，革命家如何文艺，两者在很大程度上决定了20世纪40年代以后革命文艺、社会主义文艺的状况。

五

费正清在重庆、昆明重逢或相识的新老朋友在1949年前后或留大陆或去台湾。在费正清的对华回忆录中，我们读到了费正清1960年访问台湾时与老朋友相聚的情景。费正清确实是能够感受到"革命风向"的智者，他访问台北后的结论是："对我来说，从某方面来看，20世纪60年代的台北与40年代的重庆有着些许的类似。"

1960年，费正清在台北待了七周。蒋梦麟见到费正清时就说："如果我们在大陆时就有现在的认识水平，恐怕我们早获胜了。"

费正清在昆明和重庆时，与蒋梦麟有过交道。当年，和其他教授一样生活窘迫的蒋梦麟，曾经多次对费正清说："我正在和蒋介石联系，并给他提了不少建议。一旦时机成熟，你会看到他立即实行改革挽回局面。"在台北再次见面时，蒋梦麟没有再和费正清提起这些想法。在费正清看来，忠诚在蒋梦麟这一代人的身上还根深蒂固存在着，他们不会起来革命，更不会进行反抗。在台北，费正清还见到了胡适和王世杰等三四十年代熟悉的老朋友。他熟悉的梅贻琦校长在费正清访问台北的那一年已经患病住院，费正清在回忆录中没有提到两人是否见面。另一位在重庆见过的国民党中央组织部长陈立夫早已退休，在美国的新泽西经营一家养鸡场。费正清在回忆录中特别提到了被台湾当局镇压的雷震和金岳霖的弟子殷海光教授。

谢泳曾经对《观察》杂志撰稿人1949年后的去留做过统计和分析，撰稿人中约有十几个人离开大陆先后到了美国和台湾，其余绝大多数人留在了大陆，这些人多数是无党派人士。谢泳觉得："这个统计非常值得深思，如果从个人生活的基本情况看，他们当中的任何一个人在1949年都有离开大陆的条件，但他们却没有离开。""我们可以从许多角度去解释他们去留中所隐含的文化根源，但只要相信大部分人留下来这个统计，我们就没有任何理由对他们对国家民族所抱有的赤诚有所怀疑。然而1949年以后的历史却没有理解他们这批人选择中所包含的民族感情，他们差不多都经历了这样或那样的误解和摧残。"

因为被误解而又想获得信任，金岳霖、梁思成、费孝通这批知识分子，在历次政治运动中都经历了被改造和自我改造。在当代知识分子的研究和叙事中，这些知识分子被扭曲的一面受到重视。这确实是我们讨论知识分子问题时需要关注的一个方面。但不能疏忽的是，一些知识分子确确实实真诚地改变了自己的学术思想。这是我们今天需要留意的。

50 年代初期在中宣部管政治课学习的于光远，在金岳霖先生去世后的纪念文章中谈到金岳霖哲学思想的转变。1954 年遴选中国科学院学部委员期间，于光远问起金先生的思想政治状况，多数人讲他跟得上形势。但也有一位说："金先生经常作'深刻'的检讨，有些过分，对别人的批评也偏左，有言不由衷应对局面、但求过关的表现，这样的做法使别的学者很被动。"于光远认为这位同志讲的话肯定有事实根据，但他不相信金先生会有任何"在认识以外其他不纯的思想"。于光远和"这位同志"的观点，涉及如何看待一批自由主义知识分子在 50 年代初期以及后面很长一段时间思想转变的问题。金岳霖认为自己从前接触到的各种哲学体系"都远不如马克思主义哲学高明"，这样的看法也曾经对于光远表示过。1981 年至 1983 年写作回忆录时，金先生强调他现在仍然如此：在政治上追随毛主席，接受革命哲学，接受历史唯物主义。根据金先生的学生冯契教授回忆，金先生私下也强调这样的观点。

和金岳霖的坚定不移不同，梁思成始终有着虔诚的困惑。1969 年 1 月 26 日，清华大学传达由中共中央转发的《坚决贯彻执行对知识分子"再教育""给出路"的政策》。在这之前，建筑学家梁思成被"解放"的消息曾在大专院校中有一定的反响。沈从文在一封信中说："最近闻梁思成即已'解放'。他是清华唯一点名的专家'权威'。消息传来，大专院校自然有不少不曾点名已被揪住的专家'权威'心情松了好些儿。"但梁思成本人似乎并不轻松。
梁思成是清华大学选定的"资产阶级学术权威"的典型，但被点
名的还有另外几个人。清华大学的《坚决贯彻执行对知识分子
"再教育""给出路"的政策》视梁思成为影响较大的三个"反动
权威"之一。报告提出要给梁思成他们"出路"。如何"给出路"
呢？这个报告继续说："一是在批判中，要注意把他们同一小撮叛
徒、特务、反革命区别开来。可以背靠背地批，面对面批的时候，
可以让他们坐在凳子上听，要重在触及灵魂。刘仙洲说：'虽然让
我坐着，却如坐针毡。'二是批了之后，不再让他们在校、系等各
级领导岗位上当权了，但教授的头衔可以保留；身体好、能做点
事情的（如钱伟长）要用，他那一套体系必须砸烂，但在分体上、
个别部分上还有用，应有所取。年纪太大，用处不大的（如梁思
成、刘仙洲），也要养起来，留着作反面教员。对他们的生活不要
太苛刻。"

　　留作"反面教员"的梁思成，在听了这个文件的传达后则陷
入了深深的矛盾与痛苦之中。根据林洙的回忆，从 1 月 26 日这一
天到 2 月 27 日，梁思成的笔记本没有写一个字。1971 年梁思成恢
复了中国共产党党籍，"这回他彻底糊涂了"。此时梁思成身陷一
个巨大的黑洞之中：一方面尽管他受尽屈辱和折磨，但他始终相
信运动"是完全必要的，是非常及时的"；另一方面，梁思成之所
以为梁思成的"建筑观"和"教育思想"却又被否定。

　　梁思成去世时，费孝通还在湖北的"五七干校"。费孝通在给
大哥费振东的信件中说："回想解放后，是'用'过的，五七年前
可说重用，结果不好。五七年后也用，是用'一技'，多少做一些

事，但这实在非我之长，别人也能做，做得可以比我好。今后如何用法，有点茫然。长在何处，心中有数，但此长也不够长，可以变成短。已没有二十年前之劲，希望不必再用，矛盾在此，这是个思想问题，你可能有所了解。有思想问题也就表示改造得还不够好。"对"五七干校"，费孝通有"留恋之情"："在旷野里劳动时，呼吸万里，感到人生很真实。密集的团体生活对人的表现也容易体悉，深刻得多，是活小说，较之旧生活似乎更有意义。还有，这里究系斗争前线，虽则不能了解底细，但总的变化，时代的脉搏跳跃得清楚，反应得快，各种人物表现得精彩。"

费孝通由"乒乓外交"敏锐地察觉到中国对"西方"的接触会增多，这一形势将会对国内各方面产生影响，其中包括对他（费孝通）这一类知识分子的处理、对待和使用的问题。关于与"西方"的接触，费孝通在另外一封信中说："昨读'参考'，对费正清、拉脱摩尔的评语值得注意，可参考我在牛棚中的'交代'。费系美国知识分子的代表人物，拉原英籍，为此阶层之政治代表，都是书生，相当于我在解放前之地位。所谓'中间'人物，而其本质则'反面人物'。如果来华，或会见面，颇费脑筋，盼能免役。伙房淘米切菜，轻松多矣。"费孝通对要不要和费正清见面还颇为踌躇。

六

费正清于 1991 年去世。1972 年和他在北京见过面的战时在昆明、重庆的朋友，只有费孝通硕果仅存。此时，中国与世界已经天翻地覆。

时间和空间在费孝通的思想中发生了重大变化。1989年夏天，在"二十一世纪婴幼儿教育与发展国际会议"上，费孝通回忆说："七十年前我心目中外婆家是那么遥远。在运河上坐一条手摇的小木船，一早上船，船上用餐，到外婆家已近黄昏，足足是一天。从地图上看只有十五公里的距离。现在通了公路，中间不阻塞，十多分钟就可以到达。距离的概念已经用时间来计算了。"1990年7月，八十岁的费孝通赴日本东京参加"东亚社会研究"国际研讨会。他在研讨会首日演讲，闭幕时又做答词，演讲和答词合二为一，就是我们后来读到的《人的研究在中国》。费孝通在这次会议上提出了著名的："各美其美，美人之美，美美与共，天下大同。"

1996年6月，在民盟七届中常会第十三次会议上，费孝通如是解剖自己的思想历程："我们这批出国留学的人，看到西方的'两党制'要比当时国内的清王朝和军阀时代的制度进了一步，因此在解放前坚决主张实行民主，我就是一个代表。不过那时所说的民主，基本上是限于西方的概念。经过这几十年的实践，我们的思想逐渐适应并跟上了历史的发展和新的社会局面，认为人类历史当中应当产生一种新的、符合一个国家的历史和国情、使得社会能保持和平与进步的政治制度，我们也愿意为这种制度的产生而贡献力量。"

也就是在6月30日，因病住进北京医院的费孝通，对正在写他传记的张冠生说："不帮你写了，也不提什么要求。只希望把握住是一个学者的形象，一生奉行民主进步路线。在早年有过热衷于政治、很革命的一个时期。"在这次谈话中，费孝通还说，如果再给他二十年，会出来一批好文章。超越东西方，找到人类存在与发展的命根子，这个目标一代人做不到，要两三代人才有可能。

行行复行行。晚年的费孝通仍然是在政治与学术之间完成他的超越的。这位早年在东吴大学求学，后来因参加学潮转到北京读书的先生，至今仍然是我们这所学校的一个传说。偶然的机会，我读到了张冠生先生记录、整理的未刊稿《费孝通晚年谈话》。在拿到这部未刊稿后，我通宵达旦读完，读到了熟悉的不熟悉的费孝通。我无法评价费孝通那一代知识分子，但我想借用费孝通1996 年6 月30 日和张冠生谈话中的一句话，表达我对他们那代知识分子和中国文化的理解：

"人会死，文化是不会死的。"

曾经沧海曾经火

一

路翎和胡风的重逢，是在他们阔别 25 年之后的 1980 年。

因精神失常从成都回北京住院治疗的胡风"念念不忘"要见路翎。在梅志记忆中，两人见面后，胡风"热切"询问路翎的生活情况，路翎则"迟钝少语"。胡风当晚的日记记载："下午，梅志引路翎夫妇和他们（的）大女来，25 年才相见，只零碎谈点生活情况。面形大变，在路上见到都不会认识他，真是和往常通身放光的作家路翎如同两人了。"判若两人的路翎显然比胡风精神还要失常些，这样的情景给胡风夫妇留下了无尽的震荡。之前，晓风曾陪妈妈梅志去看望路翎夫妇。梅志问一句，路翎呆半天才搭上一句，毫无表情。从芳草地那间既进不来阳光又没有后窗户的小屋出来，梅志说她止不住直抹眼泪。

迟钝少语的路翎在心里记住了他们相见的时刻。路翎《一起共患难的友人和导师》叙述了他和胡风在医院相见的零碎印象："是鲁煤找来了汽车，将我和余明英送到郊区的医院。他正在那里患肺炎。他显得苍老且动作缓慢，但他还说了一些话，问我和余明英这些年的情形，女儿们的情形，并说到他自己的情形，也提到梅志母亲的去世。"这是路翎在胡风去世后几年写的，也是晚年路翎少有的清晰叙述的文字。

路翎已经不再放光，胡风也已苍老。两人重逢的这一幕和1980年生机勃勃的文坛形成了很大的反差。"归来"是这一年的"关键词"之一。流沙河在《诗刊》发表《归来》；"七月派"诗人艾青出版诗集《归来的歌》；胡风"归来"了；路翎"归来"了。在《鱼化石》中，艾青写道："动作多么活泼/精力多么旺盛/在浪花里跳跃/在大海里浮沉"；"不幸遇到火山爆发/也可能是地震/你失去了自由/被埋进了灰尘"；"过了多少亿年/地质勘探队员/在岩层里发现你/依然栩栩如生"；"但你是沉默的/连叹息也没有/鳞和鳍都完整/却不能动弹"。不知胡风和路翎是否读到曾经是"七月"同人的艾青的《鱼化石》？

在诗人冀汸的笔下，阔别二十几年后重逢的路翎远比胡风笔下的路翎更令人唏嘘不已：面容憔悴苍老，胡茬灰白，头发长而凌乱，像一蓬荒草，从前的闪烁着智慧的大眼睛显得呆滞无神。冀汸说，如果在路上不期而遇，他怎么也认不出路翎。路翎认出了冀汸，跟他握手，但路翎并没有旧雨重逢的兴奋。冀汸努力想找回从前那种聊天的快乐，而路翎则是你不问他不答。冀汸发现，路翎听着听着渐渐走神了，转脸望着窗外。此时路翎已经搬到有窗户的新居住了。冀汸无法理解路翎的举止："窗外有什么好风景？一堵灰色的墙，一排门窗，没有人的阳台，下面是目力所不及的街道。"路翎望窗外或许是一个习惯动作，他在窗内拘禁得太久太久了。路翎在冬天的秦城监狱，常常坐在冰冷的木板床上，感受着"从小小窗洞里有一寸太阳照进来"（这是他的《监狱琐忆》里最精细的句子之一）。此时此刻的路翎，仍然活在恍恍惚惚的现实中。他的精神分裂了。二十几年习惯地等待窗外的那一寸阳光，他也许专注阳光中自由漂浮的尘埃。

胡风是从牛汉的来信中获悉路翎境况的。萧军告知了胡风在成都的地址，牛汉给胡风寄去了《新文学史料》第2期。牛汉没有写信，没有写寄信人的名字，只在封皮上写了详细的通讯地址。胡风收到刊物后，从信封上的字迹和地址判断是牛汉寄来的。胡风很快回信牛汉，牛汉再回复时，用形象的语言向胡风介绍了路翎的近况。牛汉深深了解胡风，胡风不管处境如何困厄，路翎肯定是他"最为惦念和担忧"的一个朋友。牛汉告诉胡风：路翎几乎像一块岩石，没有任何表情，他的生命经熊熊大火之后留下了一片灰烬，冷冷的，很难再爆出熠熠的火星。牛汉还提到，路翎在给剧协的一个刊物审稿时，努力用阶级观点分析评论他审读的文稿，如同狱中的思想汇报文字。

接到牛汉谈路翎的信件后，胡风老泪纵横。胡风对梅志说："居然有这样残酷的事！要尽情摧残，也只应该摧残我这个祸首呀！"胡风复信牛汉："真有死人复活之慨。在这四分之一世纪里，别的都能过眼烟云，但一念及因我而受累以至受害致废的心灵劳动的有生力量，总不胜万憾。"几天之后，胡风又致信牛汉，主要谈路翎。他让牛汉和朋友们去看路翎："去看他，不是听他说话（他太难说话了）。说真话，不能有一点失真的表面话。"

胡风晚年患重病住院期间，路翎带着人民文学出版社重印版《财主底儿女们》的样书去探视。胡风用愉快的声音说："好，印刷得还可以。"路翎仿佛回到 1941 年 2 月，他带着《财主底儿女们》第一部初稿到重庆赖家桥胡风住所；又想到胡风喜欢谈但丁《神曲》，那时他们都在"地上生活的中途"。路翎感叹："几十年过去了，胡风现在是在生命的末尾。"路翎意识到，胡风此时一定也想到了在重庆的生活，"他的模糊的苍老的声音似乎也说到这个"。

在这模糊、苍老的声音中，路翎和胡风一起回到了重庆。

二

1940 年 2 月 27 日，在重庆城里的重庆村，路翎第一次见到了后来亦师亦友的胡风。他在 29 日给胡风的信中仍然难以抑制内心的兴奋："见到你，心里很欢喜：在战斗的长路上人时常感到少量或多量的寂寞与孤独，但在见到能理解自己的人的时候，即使是彼此望一眼罢，心里就感到温暖了。"胡风对路翎的印象是：年轻，淳朴，对生活极敏感，能深入地理解生活中的人物。他对梅志说，路翎"是一个有着文学天赋的难得的青年，如果多读一些好书，接受好的教育，是能够成为一个大作家的"。第一印象是如此重要，在寂寞与孤独中彼此理解和取暖，几乎成为他们此后关系的基本面貌。

胡风在回忆录中这样回忆他与路翎的交往："路翎寄稿来时用

的是流烽的名字。我觉得作者很能写，并且有自己的特色，回信对一些不足之处提了些批评意见，他改了以后，名字也改成了‘路翎’。约来见面以后，简直有点吃惊：还是一个不到二十岁的小青年，很腼腆地站在我面前。我赶快请他坐下，很随便地和他谈着。慢慢地，他习惯了，就和我谈了许多他的经历和一些看法，想不到小小年纪已有这么多的经历。”当时路翎失业，胡风将他介绍到育才学校去工作。胡风的想法是，路翎在育才学校可以学到一些艺术知识，这对他将来深入创作小说是有用的。

胡风后来用“深厚”二字形容自己和路翎的友谊。路翎专心小说创作后，后期的《七月》几乎期期都有他的作品。胡风如此器重和提携路翎，路翎也不时向胡风请教创作中的问题，询问胡风对他作品的意见。胡风总是诚恳地将自己的看法告诉他。胡风欣慰的是，路翎的理解力那么敏锐：“他加以修改后的作品都是将我的意见真正通过自己大脑的思索后再创作的，是日臻完善的整体，并没有修改得支离破碎。我对他的作品一直都很满意。”

和路翎一样，许多青年作者都记住了与胡风的第一次文字交往。在日本的贾植芳给生活书店出版的《工作与学习丛刊》，投寄了一篇根据自己出狱后生活写作的小说《人的悲哀》。此时，他还不知道胡风是丛刊的主编。两个多月后，贾植芳收到了刊载自己小说的丛刊《黎明》。胡风在丛刊的《校后记》中为《人的悲哀》写了这样一段话：“《人的悲哀》是一篇外稿，也许读起来略嫌沉闷吧，但这正是用沉闷的坚卓的笔触所表现的沉闷的人生。没有繁复的故事，但却充溢着画的色调和诗的情愫，给我们看到了动乱崩溃的社会的一图。”

　　1939 年，到达重庆的贾植芳写信告知从未谋面的胡风，但没有告知自己工作的报社。胡风接信后，找了贾植芳三天，最后找到贾所在的《扫荡报》报馆。出现在贾植芳面前的胡风是这样的形象：一个体格宽大的中年人，戴旧式呢帽，穿褪色的蓝布长衫，中式黑布裤，家做黑布鞋上布满尘埃，提一根手杖，挟着一个旧的黑皮包。胡风这样一个旧式文人的模样，给贾植芳亲切可敬的感觉。多少年以后，贾植芳回忆第一次见到胡风的感觉："他的浑圆的脸上引人注目的是一双清澈明亮的眼睛，那里散射出一种温厚而纯真的智者的光芒，和他的这身中式的朴实的衣着配合在一起，他的真实的中国书生本色令你感到亲切可敬和一见如故。"胡风看到贾植芳落魄的样子，露出黯然神伤的表情。贾植芳回忆，在那一刻，胡风的眼睛湿润了，从长衫里摸出一沓钞票递给坐在地上的他。胡风说："这是二十元，你过去在前方给《七月》寄稿子来，还存有一点稿费，因为给战地寄钱不便，还在我这里，现在我带来了。"

　　在见胡风之前，路翎心目中的胡风是一个提倡"主观战斗精神"、号召"向生活的密林突进"的形象。熟识胡风之后，路翎迷恋于和他谈话，被他的文学见解鼓舞。他们谈到了现实主义，谈到了游离现实主义的倾向，谈到了精神奴役创伤，谈到了人物病态心理描写，谈到了语言的欧化……在路翎的记忆中，胡风有时沉默，有时激昂，激动时会在房间内徘徊一圈。——路翎觉得此时的胡风是一位极希望写诗的诗人。

　　许多年以后，路翎还清晰地记得自己往来"山沟"去北碚东洋镇胡风住所的情景。路翎的住地和胡风所在的东洋镇及附近的复旦大学隔着连绵的山峦，路翎爬过山坡，从胡风那里得到令他鼓舞的意见；再爬山坡回来，中途在草棵里坐着，沉思，回味。

三

在酝酿写作《财主底儿女们》时，路翎便致信胡风，告知自己预备写一个关于老财主家庭溃灭的长篇小说。1941年2月2日，路翎将《财主底儿女们》的初稿《财主底孩子》带到胡风家，但没有遇到胡风。回到寓所，路翎写了很长的信给胡风，零碎地说了自己创作这部小说的想法。

这是路翎第一次谈论他笔下的蒋纯祖以及蒋纯祖与自己。路翎写作时的状态是狂喜和哭泣，他笔下的人物每一分钟都苦恼他，兴奋他，在梦里缠绕他。用我们熟悉的那个句式说，路翎写蒋纯祖是在写自己："我是在写这一代的青年人（是布尔乔亚底知识分子）；他们底悲哀，底情热，底挣扎。我自己和蒋纯祖一同苦痛，一同兴奋，一同嫌恶自己和爱着自己。我太熟知他了。他假若真的，完完全全地变成我自己，这对我底创作就成了一个妨碍。我克服着。在整篇的东西快结束的时候，我底精神紧张得要炸裂，我病着。"那时的路翎已经意识到，这不是创作本身的问题，而是社会的问题，即"我们"要走哪条路。路翎在信中还告诉胡风自己没有留底稿。

在因"皖南事变"离开重庆赴香港之前，胡风看过初稿的一部分。路翎对自己的初稿并不满意，3月开始修改初稿，名字改为《财主底孩子们》。4月，路翎完成了初稿的修改。他写信告知胡风这一消息，并说自己"厌恶"这篇东西，感到惶恐；他希望胡风能够把这篇小说编到"七月丛书"里。此时，胡风正在准备秘密去香港，或许来不及给路翎回复。到香港不久，6月21日胡风致信路翎："我挂念你的长篇，那并不像你自己所想的，是失败的作品，我看，进步的读者会感受它的生命的。"如果没有胡风的这句话，路翎也许半途而废了。不久，路翎将二十多万字的书稿寄给远在香港的胡风。

1942年3月，胡风从沦陷的香港脱险来到桂林，7日便写信告知阿垅和路翎。3月22日，胡风在信中说，担心的是《儿子们》（即《财主底儿女们》），如果没有底稿，那就糟了。在战乱中，胡风遗失了《财主底孩子们》文稿。梅志回忆说，香港沦陷后，他们到处逃难，但这部书稿一直带在身边，不知何时丢失了。胡风痛心不已，路翎回信说："《儿子们》无底稿，以后再说。"就在这一年的4月，路翎完成了中篇小说《饥饿的郭素娥》，胡风在6月便为之作序，称赞路翎君"替新文学的主题开拓了疆土"。胡风写序时，路翎经舒芜介绍，到重庆南温泉国民党中央政治学习图书馆当管理员。胡风说他有些"安心"了，路翎又有了饭碗，而且能够欣赏栀子花的惆怅。但胡风不放心的是：再写《儿子们》么？是不是有零碎的底稿？

真是置之死地而后生。路翎告诉胡风，没有残稿，但现在期待又大了些，实在了些。路翎再写《财主底儿女们》。1942年暑假，到8月初，路翎写了近八万字，他感觉要扩大到四十万字。路翎向胡风报告写作的进度，8月15日已至十多万字，全书五分之一的样子。1943年9月25日路翎告诉胡风，11月前可以完成第一部。10月，路翎完成了第一部。在完成第一部时，路翎对自己的长篇有了怀疑。原先以为写下去就可以克服，"但现在扩大了，怀疑到根本的东西"。他急于知道胡风对第一部的印象，舒芜告诉他胡风已经看了一点，觉得开头有些问题。路翎闻说后，感觉小说的中间大概也有些问题。1943 年 11 月，路翎开始写第二部分。1944 年 5 月 13 日，路翎重写了《财主底儿女们》的第二部《英雄们》，十八天内写了十三万字，路翎说他"从来没有这样猛烈地写过"。

1944 年 1 月 21 日，胡风看了《财主底儿女们》第一部后，给路翎的信开头便说："你打了这样大的仗，新文学创造了这样的天地，在我是觉得幸福的。小的问题是有的，但肢体已长成，改造就等于屠杀，让它好了。"细致的胡风在信中提出了两个具体问题：郭绍清们是什么人？物主在苏州的财产诉讼案是否会在南京法院办理？胡风告诉路翎，他开始着手小说的出版。——这是胡风致路翎信的内容。

"时间将会证明，《财主底儿女们》的出版是中国新文学史上一个重大的事件。"这是胡风《财主底儿女们》序中的首句。胡风又在 1945 年 12 月《希望》上刊登了他自拟的关于《财主底儿女们》的广告，他用了"现代中国的百科全书"和"史诗"这样的措辞向读者推荐路翎的这部大长篇。

四

1943 年 8 月 16 日，在恋爱纠缠之中的路翎致信胡风，对"势将提到结婚"这件事，颇多惶惑。他问胡风的看法如何。胡风 8 月 31 日回复说，关于那件事，实在很难说话，他担心路翎的精神是否受得起家庭生活的拖累。胡风对待婚姻是一位悲观的理想主义者，他觉得在精神上，"几乎没有成功的结婚"。他在"精神上"
三个字下面特别加了着重号。胡风对路翎的建议是："我想，顶好
的方式是朋友结婚，不住在一起，也不必取合法关系，这就要看
双方的自信和互信。而那样，生活上双方不彼此拖累，且精神上
可以竞走。当然，还有一重要的事情：不能生孩子。"路翎觉得胡
风的这一意见"实在是沉重得很"。

在完成《财主底儿女们》第一部、开始写作第二部时，路翎
的身体和精神都处于糟糕的状态。路翎感觉没有写下去的时间和
气力，又接连生着病和疮。那段时间，路翎如他自己所说，魂魄
在夜里漂流而踌躇，做着好梦和噩梦。他给胡风的信，文字和情
绪是飘忽的，真实和虚幻无以分辨。一只小的青虫非常迅疾地飞
过灯焰，落在桌上死了。——我"看到"的这个是虚伪的还是真
实的？路翎问自己，并给胡风写信，希望胡风回答他。路翎的身
体状况出乎胡风的意外，他提醒路翎这非特别注意不可。胡风还
建议路翎早上做体操，早餐吃一两个鸡蛋。至于精神上的痛苦，
胡风在信中说："精神上的痛苦有时是命该如此，但千万不要弄到
把肉体的痛苦当作精神的痛苦，或由肉体的痛苦弄成精神的痛苦。
总之，这非特别注意不可。"这是胡风 1943 年 10 月 4 日写给路翎
的信。

这个时期的胡风正想着要搬家。池田幸子和胡风一家合住，
胡风称她是"大蝮蛇"，"经常把冷气吹进来"，不得不搬家，但一
时又很难找到可以勉强住下的房子。疏导路翎的胡风，自己的情
绪也常常处于低谷之中。1944 年 3 月，胡风在信中说："这两三个
月来，有一缕寂寞之感袅袅地围着我，我还没有分析过，我是连

分析的热力也无从打起。人是和小草一样软弱的东西，在砂石里就会丧失自己的'生命力'似的。"在三个月后的一封信中，胡风再次感叹："实在疲乏，但并不是做多了事，而是做不成事。有做假隐士的欲望，当然做不成，无论就处境说或就自己说。"而在随后酷热的夏天，怕热的胡风感觉实在吃不消。在属于自己的时间的晚上，蚊子叮得胡风不能安生，胡风对路翎说："无为，在无为中常常有蒙蒙的哀愁来袭击我。"

路翎一直体会到胡风的奔忙，他也很担心自己烦扰胡风。路翎也一直体贴和理解胡风的心境，如此解释胡风的"孤单"："我们底能力不够，心意每每歪曲，所以你感到孤单罢。"路翎说，比起庞大的黑海来，我们是小小的，而站在岛屿峰巅的胡风，因此感到孤单。路翎总是焦急地等待胡风回信，倘若胡风的回信短了，路翎就会问胡风："心情真有那么劣么？"胡风还在桂林期间，路翎在重庆跑书店，寻觅胡风几个月来零碎发表的文章，胡风深邃的忿怒、沉重的心愿震动了路翎。路翎对远在桂林的胡风说，他想"逃"开现在的"坛"："爱甫兄，让人海埋葬我，该是幸福的事罢；在旷野里憔悴，比在坛上变成枯萎的花，要好得多呢！"1942年12月15日，胡风在桂林回复了路翎11月13日的来信。这是胡风第一次说路翎读懂了他："你对了，读出了我的'忿怒'和'心愿'，但别人大半只提到什么理论，你就会懂得接信时的我的遭遇和读信后的我的心情。"胡风告诫路翎"我们无法逃开"，他相信路翎能够熬得过的。

1944年5月13日，路翎完成了《财主底儿女们》第二部的重写。他在信中告诉胡风："关于'我们这一代'，我有了一点成绩，但很使我自己歉疚。"路翎此时也许是在重庆最好的状态之一。第二天，路翎和余明英订婚，胡风是从绿原那里获知这一消息的。7月30日，路翎在信中告诉胡风，准备8月15日结婚。到了8月3日，路翎确切地邀请胡风参加他15日的婚礼，并盼梅志也能来就最好。

婚宴是在北碚兼善公寓举行的，席开三桌。冀汸记忆中参加的客人只有胡风、白鲁和他，其余是两家亲眷和路翎的同事，余明英印象中还有绿原和鲁煤。余明英回忆说，路翎从北碚到重庆去接她，再坐公共汽车回到北碚。他们当天在兼善公寓订了两个房间，一间自己住，另一间胡风住。婚宴结束后，路翎和胡风聊了很久才回到婚房。第二天，他们和胡风都离开了酒店。——这样一个婚礼的细节，也留下了路翎和胡风友谊的记录。

五

其实，在胡风去香港之前的一年，路翎和胡风就谈到了"歪曲"和"孤单"。

当时在草街子育才学校工作的路翎，有时独自去东洋镇胡风那里，也曾和在《七月》发表作品的同事何剑薰一同去看胡风。他们沿着嘉陵江步行，谈到胡风的处境。何剑薰对路翎说："胡风在文坛上有些孤立，'左联'以来，不大和人结伴；不和人合作，办刊物又不对已有的文坛名人开放，所以孤立。"何剑薰议论的这些，已是文坛旧闻。也是在1940年，何满子在西安和新认识的阿垅谈起《七月》及胡风，他脱口而出"听说胡风很霸"。这是何满子1938年在武汉听到文坛中人说出的话。何剑薰担心性情孤僻的胡风这样下去会很困难，建议路翎劝劝胡风。

路翎坦率地将何剑薰的意见告诉了胡风。现在无法复原他们俩谈话的场景，但从路翎的回忆文字中，我们能够感受到气氛的凝重和胡风内心的矛盾："我到东洋镇将这个意见说了，胡风问我以为如何。我说，何剑薰的道理也有对的地方，也有片面的地方，目前文坛上进步文艺界有一些偏向，对偏向真也比较难妥协，对不良的、敷衍的、空洞的文章，当然应该拒绝。胡风便说，真是很难。"路翎对何剑薰意见的一分为二，胡风在"很难"中的犹豫与执着，其实也透露了他们对处境的认识。

在香港胡风的蚓楼，孙钿问正在写作纪念鲁迅逝世五周年文章的胡风："如果鲁迅现在还活着，怎样呢？"胡风回答说："至少鲁迅精神应该发扬，鲁迅的爱和憎是非常强烈的，他活着的时候，他不能不横站着战斗。他相信党，跟着党走，是真诚的坚定的。但他并不盲目，他有远大的信念，但他并不迷信。"这一回答或许可以用来解释左翼的胡风和左翼文艺界之间的矛盾冲突。

曾经是《七月》同人的吴奚如，1979年5月完成了《回忆录》之一章《我所认识的胡风》。吴奚如写作此文时，听闻误传的胡风已经去世的消息。吴奚如曾在上海"左联"和特工科工作，在重庆一度担任周恩来的政治秘书。吴奚如如此评价胡风等《七月》社非党作家们的政治态度："对历史的真实负责，当时以胡风为代表的《七月》社非党作家们的政治态度，我认为是有些自由主义的，就是说对党的某些主张和决定，有时持保留态度。他们这种立场和态度，从好的方面说，能思考，不随声附和；从坏的方面说，他们对党的关系是有些游移的，有距离的。"这样的问题，胡风自己后来在狱中意识到了。他的《怀春室感怀》之《记韵事》诗有这样的注释："我的错误是，我陶醉在本业（文学）特点（个体劳动）里面，以至违背了具体领导上的期待。"

当年吴奚如和不少人一样，也诧异胡风何以成为"反革命分子"。吴奚如基于他个人的亲历和判断，以为胡风在"左联"和抗战时期的表现没有可疑的事实。1959 年，吴奚如在武汉东湖疗养院，偶遇胡风的一位同乡，这位同乡在解放战争时期，曾到上海通过胡风约见南方局的负责同志，请示鄂东地下党的工作。胡风的同乡告诉吴奚如，在胡风被宣布为"反革命分子"后，鄂东地区党委曾接到中央电报，告知胡风的问题是出在解放以后。这是一个待考的细节。

1945 年胡风在《希望》发表舒芜《论主观》后，在左翼文艺界内部引发争论；余波未断，1947 年胡风出版《逆流的日子》，其序文也遭到批评。关于《论主观》和《逆流的日子》序文的争论只是在内部进行，党内主管文艺的领导似乎不想在国统区公开左翼文艺界内部的分歧。胡风在几年以后，仍然为没有公开论争而遗憾，并深感委屈。1950 年 2 月 3 日，胡风从北京回上海的途中，受彭柏山的邀请，在徐州下车。工作繁忙的彭柏山在晚上抽出时间，和胡风围炉畅谈。彭柏山的夫人朱微明回忆说，胡风谈到的两件事让彭柏山十分惊讶，其中一件，便是因发表舒芜《论主观》引发的对他的批判。胡风对彭柏山说："我在编辑工作上犯了一个大错误，就是 1945 年 1 月在重庆时，《希望》第一期发表了舒芜《论主观》的论文，引起了个别党员作家的非难。表面上是批评《论主观》，实际上针对我的文艺观。我希望引起公开论争，辩明是非，一再请求主要反对者写文章，都遭到拒绝。1947年年底，香港的党员作家又撰文批判，表面上对作者舒芜批了几句，矛头依然对着我……"朱微明印象中，胡风谈及此事时"露出极不愉快的神情"。

楼适夷在回忆里提到了邵荃麟的一次谈话。左翼知识分子对胡风文艺思想的论争又在香港兴起，楼适夷对由"论争"转为"批判"感到纳闷。时在香港工委主管文艺工作的邵荃麟对楼适夷说："全国快解放了，今后文艺界在党领导下，团结一致，同心协力十分重要，可胡风还搞自己一套，跟大家格格不入，这回掀起对他文艺思想论争，目的就是要团结他和我们共同斗争。"邵荃麟还让楼适夷去做胡风的工作，楼适夷后来回忆说，他没有能够说服胡风。他很激动，胡风则微微地笑，很少搭腔。

邵荃麟和楼适夷谈话的内容也在他的文献中得到验证。1955年1月，在风起云涌批判胡风时，一向对胡风友善、温和的中国作协党组书记邵荃麟以"中国作协党组"的名义，给中央写了一份报告。这份报告的第一部分，梳理了胡风自重庆以来十多年的"错误文艺思想"，其中谈到了《大众文艺丛刊》对胡风的公开批判一事。邵荃麟说，1948年在香港的胡绳、乔冠华、林默涵和他自己等人，经过党内讨论并取得郭沫若、茅盾等赞成，对胡风进行了公开批评，胡风以《论现实主义的路》作为回应。邵荃麟解释，因为1949年全国解放，论争暂时停止。

胡风在重庆时期和左翼文艺界一些人形成紧张关系的原因，也在邵荃麟的报告中得到了部分解释。后来的研究者和历史叙述者都注意到了胡风文艺思想与党的文艺思想冲突，但忽视了胡风

"拒绝"进步文艺界"一些偏向"的言行同样引发了左翼阵营的不满。邵荃麟谈到胡风以"主观精神论"反"客观主义"的斗争："胡风所谓'客观主义'的倾向，实际上是把当时国统区一部分进步作家创作上所存在的某些缺点加以夸张和曲解，甚至把这些缺点看作是和国民党反动统治同样的一种敌对力量。他在论文集《逆流的日子》序文中说：'文艺在自己的阵营里也经验着一种逆流的袭击（按：指客观主义等倾向），这袭击正是和那大的逆流（指国民党反动统治所造成的政治逆流）紧紧地互相呼应。'"邵荃麟说，当时重庆文艺界党内外同志曾经对胡风进行过口头批评，也在座谈会上讨论过胡风他们的理论问题。

邵荃麟报告所说的重庆时期的"胡风他们"，是包括了舒芜和路翎的。而在 1948 年的公开批评中，"胡风他们"则是胡风和路翎了。1948 年 12 月，胡风到达香港，冯乃超在问过胡风对乔冠华的意见后提到路翎。胡风在 1977 年 7 月写的三篇交代材料之一《关于乔冠华》中，叙述了他和冯乃超交谈的内容。冯乃超说他对别人说，路翎有才能。胡风对此话十分反感："这意思不难猜到，路翎有才能，可惜胡风的理论没有把他领导好。这也是这类胸怀大志的人们的高见：好像路翎是依胡风的理论创作的。而路翎受到了读者爱好，也是反胡风的人们不甘心的原因之一。"

此时的胡风几乎是孤独无援。他陷在巨大的困境中，从"左联"开始的一个又一个困境仿佛是持续下沉的黑洞。到达香港后的几天，周而复邀请胡风参加了一次"友谊聚会"，一起晚餐的有乔冠华夫妇、邵荃麟夫妇和冯乃超夫妇。席间，乔冠华问胡风北大《泥土》上的文章（《论文艺创作底几个基本问题》）是谁写的，胡风在《关于乔冠华》中写道："《泥土》上的文章是路翎写的，批评了他，并且质问地提到了他对在重庆写的文章中唯心主义的错误都不能够认识，现在的批评依然是唯心主义的（好像大意如此）。这刺着了他的痛处。我当即说，不是估定是我写的么？那就算是我写的好了。我不愿说出路翎，也不愿否认那文章和我有关（是我寄给《泥土》的），这样我可以对那篇文章负责。"当胡风在黑洞中不断下沉时，路翎摇摇欲坠，而胡风则试图保护路翎。

六

1980 年 3 月，胡风到北京治病，楼适夷到医院探视。在见面的那一刻，楼适夷想到胡风落井，众人投石，其中有一块是他的，心里隐隐作痛。其实，和其他人相比，当年楼适夷投下的那一块石头也许只是一枚小石子，楼适夷已经觉得无面目重见老友。胡风巍巍颤颤地从病床上坐起，"他的似乎呆滞而又睿智的眼睛里还是微微地露出了可爱的笑意"。

这就是胡风，他宽恕了那些曾经往井中投石的朋友们。楼适夷说，胡风复出后写了几十万字，但没有留下一点个人恩怨，有的只是历史的证言。在时代、历史中理解个人的悲剧命运，是胡风那一代在宏大历史中成长的知识分子思考问题的方式。在忏悔与宽恕中，个人之间的紧张关系消弭了，历史脉络和肌理没有淹没在个人恩怨的口水中。那些因操守而成为小丑的人物则被逐渐清晰的历史压得气喘吁吁。这是 20 世纪 80 年代留下的思想遗产。

当胡风再次回到北京时，郭沫若、老舍、冯雪峰、邵荃麟等已经辞世，和胡风有些纠葛的茅盾也在一年后告别人间。此时，在"左联"时期便和胡风有矛盾冲突的周扬在不断道歉和忏悔中赢得了人们的信任，巴金开始写作他的《随想录》并因此成为一个时代知识分子良知再生的典范。后来一些谈论这代知识分子的文章，有人几乎以嘲弄的口吻说起批判胡风的这些友人的遭遇。用因果报应能够解释这一代人的命运吗？答案显然是否定的。胡风那一代知识分子的历史意识和批判精神，随着他们的凋零而成为稀有元素。

胡风和路翎在晚年唯一没有原谅的人就是舒芜了。将舒芜介绍给胡风，应该是路翎人生中后悔不及的事。在晚年的文章中，路翎对舒芜和《论主观》的评价已经打上了历史的印记。路翎说："由于生活环境，我认识了舒芜，应他的要求，又将他介绍给胡风。这是一个崇拜周作人、胡适之的有投机思想的人。他的《论主观》是想写来适应当时一定环境，反对一点周作人、胡适之的，但写的结果仍然是形态冷漠，而且是唯心论的与错误的，也缺乏哲学知识。我在他的文章后面附上了我的意见，但有几句他一定要我删去。"路翎还谈到胡风并不肯定舒芜的《论主观》，只是出于"开放"杂志的需要才在《希望》发表此文的。如路翎所说的那样，此文发表后，"胡风便陷入了困难中"。

路翎这样的评述，显然渗透了创伤记忆。如果路翎当年意识到舒芜是"投机思想"的人，他对舒芜的反戈一击就不会太意外，恰恰因为曾经是交情甚笃的朋友，路翎和胡风才会有不能承受之重。《论主观》在国统区左翼文艺界引发不满之后，舒芜来看路翎，路翎还把舒芜带到复旦大学，和冀汸一起去坐茶馆。舒芜给冀汸的印象很好，有故人重逢之感。舒芜那次带了他的书稿，他的抱负是用自己的著作抵消艾思奇《大众哲学》的影响。舒芜让路翎和冀汸读他的书稿，其自负由此可见一斑。冀汸回忆说，在舒芜走后，路翎不止一次这样夸奖舒芜：逻辑能力强，表达能力也强；旧学底子好；别人要继承民族文化遗产，挽救遗产，他却觉得自己继承得太多，变成了包袱，想丢也丢不掉；等等。也许是路翎的单纯，也许是舒芜善于伪装，他们在重庆的交往是作为美好的记忆留在路翎和胡风的通信中的。在重庆之后的很长一段时间，舒芜给人的印象也是路翎的知音。1947年，舒芜在北京大学的《泥土》第三辑发表了《什么是人生战斗——理解路翎的关键》。舒芜提出的问题是"什么是人生战斗"。他告诉读者，路翎小说最触目的特点是分析的详细和故事的平常，"那些分析就是战斗，那些平常的故事就是人生"。舒芜似乎没有忌讳《论主观》发表后的风波，他用胡风的理论给了路翎一个文学史的位置："在中国的新文学的发展过程中，他之所以能是第一个完全与客观主义传统诀别了的作家，正是由于这种强大的主观力量，以及这力量所发动的深入的批判活动。"舒芜的这些赞美路翎的议论，无疑把他自己，特别是把路翎和胡风置于更困难的境地了。

　　不到一年，胡绳在1948年3月1日的《大众文艺丛刊》第一辑发表《评路翎的短篇小说》。比起舒芜政论式、随笔式的文字，胡绳缜密而详细地分析了他从路翎短篇小说集《青春的祝福》及其他几个未收进集中的短篇中发现的问题。胡绳把重点放在这些作品的国统区知识分子思想情绪和作品所写的中国人民的"精神生活"方面。胡绳的结论是，路翎既没有真实地写出劳动人民，也没有很好地写出知识分子；即使有些作品部分成功地写出工人，路翎也用他的"主观"遮蔽了读者进入工人生活中间去的可能。胡绳还批评了路翎的知识分子幻想的抽象的"人性"和崇高的"个性"。胡绳也是文章高手，他在批评路翎时，始终有一个潜在的批评对象胡风。胡绳用近乎嘲讽的口吻说：路翎"这位被称为最不沾染'客观主义倾向'的作家，确实是有着太强的知识分子的主观"。

担心路翎被赞美而葬送了才华的胡绳给路翎指出的道路是：紧紧地依靠着真实的人民生活这一面来解决思想与现实的矛盾。不以为然的路翎写了《论文艺创作底几个基本问题》（路翎在后来的回忆文章中误记为《略谈文艺的几个问题》），以回答胡绳的批评。和路翎的固执相比，曾经的朋友舒芜在1952年第18号《文艺报》发表了《致路翎的公开信》。在这封公开信中，他说自己是和路翎"曾在错误的道路上同行了好久的老朋友"，期待他的这封信可以帮助路翎在党的教育之下早日得到应有的结论。舒芜进一步说，以胡风为核心，常在《希望》杂志上发表作品的我们几个人，"确实形成了这么样的一个文艺小集团"。理论是可以修正的，当胡风和路翎以为不可动摇时，理论便成了信仰。

1947年，舒芜在阐释理解路翎的关键之处时曾经预测，在晴雨沉吟中，一个很长的时期全国将陷于"大窒息"。他也判断会有人颓然倒下，在这些人中间，"一切虚伪浮睡的浪漫主义，一切才子式的流氓和流氓式的才子，一切专以坐茶馆开朗诵会为能事的英雄，一切浅薄浮嚣的叫嚷，一切沾沾自喜的和顾影自怜的做作，都不会有半分用处"。他当时是把自己视为"坚持深沉的人生战斗的人"，因而援引"疾风知劲草"的诗句来祝福路翎他们，舒芜后来成了自己曾经嘲笑过的人物。

七

路翎在重庆的公共汽车上读到了《新华日报》刊载的消息：苏联军队攻克边境城市明斯克，出境反攻了。他赶到赖家桥胡风家里，告知胡风这一令人振奋的消息，他们都意识到战争开始转折了。胡风对路翎说："果真这样，那太好了，这决定人类的历史，人类有救了。"路翎面前的胡风，"他喉咙有些暗哑，长久地沉默着，眼里还含着泪花"。胡风的兴奋、激情嵌入了路翎的脑海里。

多少年以后路翎回忆这些场景，仍然觉得自己对重庆周围山河的记忆，是和胡风激动的形象连结在一起的。路翎两次到赖家桥时，看到胡风站在门口或公路边眺望。有时候，他跳下汽车，便看到胡风、梅志和他们的儿子晓谷一起站在门前。在那一刻，路翎觉得眺望远方的胡风有着与国家与山河与人类休戚与共的感觉。路翎心想："他们站在那儿，凝望着赖家桥的那一块平原，也是在凝望着未来的希望，凝望着经过患难的年代可能获得的光明，和窒息着人性的丑恶的黑暗的溃灭。"兴奋而又忧郁的胡风，此时的所思所想或许比路翎意识到的还要丰富和复杂些。

1946年2月25日，胡风与妻儿由重庆回上海。路翎在胡风离渝前的2月6日晨，给胡风写了一封感伤的信。路翎对胡风说："你走后我会在这地方觉得孤单的，况且我自己底生活业已把我推入一个难受的孤单之中。"路翎想必度过了一个不眠之夜。这两年，路翎觉得自己一直被压在阴惨的现实之中无法发出欢笑的声音，当自己的兄长和导师远行时，他心生自己也惊异的荒凉感，又设想"我会慢慢地援助自己的"。

重庆的春天很快到了。路翎住所对面院子里的槐花香透过空气弥散而来，朦胧的月光下杜鹃柔和、短促地歌叫着。路翎惦记着在上海的胡风：你们是在"春天"里生活吗？你们好吗？胡风回信说："这里已如初夏，臭虫已上市了，'春天'就偷偷地不见了头尾。我依然忙于'安家'，一无头绪，有如置身地狱中。"

无钱买酒卖文章

一

空中，敌机的炸弹不时扔下；地上，通货膨胀，物资短缺。生活在嘉陵江畔的文人挣扎着，喘息着。

许多年以后，那个生于 1938 年，也就是日本对陪都重庆无差别轰炸那一年的日本学者前田哲男，写出了一本研究二战时期战略大轰炸的书——《从重庆通往伦敦、东京、广岛的道路》。在致中国读者的文字中，前田哲男说，他对 1938 年的大轰炸当然没有记忆，但"重庆爆击"这句日本话留在了他耳朵中。前田哲男后来五次寻访重庆大轰炸遗址、受害者和研究者，他置身在高楼建筑和人群中，"似乎仍然能够听到那些无助民众的呐喊"。

在重庆度过了青少年生活的史学家章开沅回忆说，在重庆大轰炸最频繁的那些日子，许多餐馆不失"川味幽默"，将榨菜鸡蛋汤改名为"炸弹汤"。现在无法查出这种"炸弹汤"的价格。重庆物价出奇的高，时任第六战区司令官的陈诚，1942 年 1 月在辖区接待郭沫若、阳翰笙时，不无炫耀地说，六战区的物价问题已得到相当程度的解决，各种日常生活用品均较重庆相差数倍乃至数十倍。在抗战即将胜利的1945 年 7 月，老舍致信吴组缃还谈到经济"甚窘迫"：稿费每月两万，连同太太收入，每月不到五万。所以，他劝吴组缃不能放弃中央大学的教职，在抗战结束后再做职业作家。

生活压迫着每一个人，包括文人。1943 年 5 月 31 日，阳翰笙从重庆城回到赖家桥后，在日记中记下了他的感叹：许许多多的文化人都失去了抗战初期的生动泼辣的精神，大都陷入了极度的苦闷状态中。阳翰笙发现许多文化人从常态到变态，有的爱醉酒，有的乱发脾气，有的无缘无故痛哭，有的不管场合大发牢骚。也许出于对生的恐惧，有人以死反抗生的绝望。1941 年 2 月的一个早晨，洪深一家三口服毒自杀，留下了这样的遗书："一切都无办法，政治、事业、家庭、经济，如此艰难，不如且归去。"幸亏郭沫若等及时赶来，抢救后脱险。

1942 年 12 月 31 日是洪深 50 岁生日。他在生还后，一度到广州中山大学任教，此时已回重庆。阳翰笙记得洪深的生日，他觉得老洪在戏剧文化领域活动了将近二十年，应该替他祝贺。阳翰笙和戏剧家陈白尘商谈了为洪深祝寿的具体事宜，致电洪深，洪深极为高兴。25 日，洪深来到文工会，与阳翰笙、翦伯赞、杜国庠相聚甚欢。是日晚，阳翰笙到中艺主持祝洪寿筹备会，他在日记中说："大家都表示得很热心，很起劲。"

在筹备洪深祝寿活动时，茅盾也回到重庆，细心周到的郭沫若特地到生活书店看望茅盾。23 日晚上，郭沫若在家中设宴招待茅盾夫妇和时在重庆担任周恩来谈判助手的林彪。周恩来也特地参加晚宴。因为茅盾的归来，筹备洪深祝寿会的同志决定将30日的晚会扩大举行，"一面寿洪寿沈，一面迎茅迎夔"。30日午后一时的重庆百龄餐厅，与会者"像潮水样地涌进来了"。阳翰笙说："一年以来，在陪都恐怕这次要算是最有生气也最有意义的一次盛会。"

就在30日的早上，重庆的上空响起了空袭警报声。这一天，天空中有些阳光，在昆明经历过多次轰炸的西南联大校长梅贻琦正好在重庆，他在教育部山洞口躲避，因非紧急，在洞外与陈部长谈了很久。十二点半警报解除后，梅贻琦被朋友约到一家天津馆子吃了薄饼。几天前，老舍在嘉厂请梅贻琦喝绍兴黄酒，吃烧饼点心。梅贻琦对绍酒的感觉甚好。酒后，老舍又陪梅贻琦去"精神堡垒"附近的戏园听戏。戏散了，两位再去一家小馆子吃了酸菜羊肉汤面，晚上十一点半才就此别过。

薄饼、绍兴酒、酸菜羊肉汤面、韭菜水饺、绿豆稀饭，高档一点的是"炮牛肉"，这是梅贻琦在他的日记中留下的重庆菜单。读梅贻琦日记让我想起老舍1942年端午节诗作中的一句"当年此会鱼三尺，不似今朝豆味香"。端午那天适逢大雨，吴组缃邀老舍吃饭。老舍以诗纪事，其一曰："端午偏逢风雨狂，村童仍着旧衣裳。相邀情重携蓑笠，敢为泥深恋草堂。有客同心当骨肉，无钱买酒卖文章。当年此会鱼三尺，不似今朝豆味香。"诗的前记说："端午大雨，组缃兄邀饮，携伞远征。幺娃小江着新鞋来往，即跌泥中。"

是的，有客同心当骨肉，无钱买酒卖文章。

二

善于观察也体察时艰的费正清，注意到"吃几顿饱饭"对文化人精神的重要。1943年10月，费正清应邀参加了郭沫若50岁生日宴会。宴会在英国大使馆楼下的文工会举行，郭沫若穿梭在人群中。费正清特别感受到参加宴会的许多人热情而富有创造力，"尤其是在让他们先吃几顿饱饭之后"。

在文人朋友圈中，郭沫若无疑是"群主"之一。郭沫若51岁生日时，董必武、林伯渠和夏衍、廖梦醒、叶挺夫人等都特地从城里到赖家桥为郭沫若祝寿。那天宾主应该喝了不少酒。晚归时，医生丁维大醉，到天明还呕吐不止。阳翰笙在1942年6月6日的日记中记载，杜国庠曾经在郭家门口跌破头，但未细说原因，是酒喝多了，还是走路不慎？

那天阳翰笙约杜国庠、郑伯奇、冯乃超等到家中晚餐，招待大家的是野兔。但这位杜先生早晨在赖家桥郭沫若家门外跌破了头，不克出席。也许杜先生头一天晚上在郭府酒喝多了。阳翰笙遗憾地说："此老想来舍吃野兔之念甚久，今日竟不能来一尝，可谓吃运欠佳。"

郭沫若的待客之道颇有口碑，后来因为他的变化而遭人非议，他当年的热情、诚恳也就被忽视了。1942年9月4日，同是文工会委员的翦伯赞来文工会讲中国通史。系列讲座结束后，中秋节当天，郭沫若在家中设宴为之饯别。已有九分醉意的翦伯赞午餐后滔滔不绝地和郭沫若、阳翰笙说了两个多小时，一吐胸中块垒。多愁善感的文人在酒后愈发"愁"和"感"，翦伯赞谈文化运动、中苏文协，谈从前遇到的草莽英雄，说到后来，眼泪几乎流出来了。在回溯这些场景时，似乎不能将郭沫若的热情都归为"统一战线"工作的需要。郭沫若的细心、周到反映了他人格的另一面。

毕竟年过半百了，郭沫若已被尊为"郭老"。看郭老当年的行程，不能不感叹他的不容易。1944年4月，为庆祝老舍创作20周年，重庆文艺界举办了一些活动。4月间，郭沫若也专门请客。11月12日，郭沫若在文工会设茶会欢迎来重庆的艾芜和沙汀。11月19日，郭沫若前往北碚，歇马场到北碚一段路面坏了，改坐黄包车，傍晚才到北碚。一到北碚，就请出了老舍。老舍高兴，开戒抽了一支香烟，喝了两杯白酒。翌日一早，郭沫若便到金刚碑镇去拜访熊十力先生。当时的金刚碑镇如同小北碚，许多文化人在此工作或寓居。老舍和阳翰笙过江访复旦，午餐后到靳以家喝茶，畅谈时局。茶叙后，靳以又陪同老舍、阳翰笙过江到兼善看望郭沫若，在老舍家晚餐。21日回赖家桥途中，郭沫若等坐滑竿到歇马场看望翦伯赞。喜出望外的翦伯赞和他们谈起时局，这位史学家说："现在不是写历史的时候，是创造历史让人家来写的时候了！"回到赖家桥后的几天，24日午后，郭沫若夫妇、胡风夫妇和阳翰笙到永兴场散步，在回来的路上，谈到目前的局势，胡风预言说："照目前的样子，恐怕还要拖半年呢，不信你就看吧。"

那时重庆文艺界的聚会方式通常是"泡茶馆"，如果不去茶馆，在文人集聚的地方也热闹如茶馆。夏衍到重庆后，报人唐瑜在临江路附近的一个大杂院挤出一间小屋，夏衍一家暂时安顿于此。不久，唐瑜设法在中一路下坡盖了两间"捆绑房子"，唐、夏各一间。为通信方便，夏衍自制了一张写有"依庐"二字的木牌，立在屋前。唐瑜有侠客心肠，转让了一家电影院的股本，用这笔钱在"依庐"的坡下租地盖房。这间能够住十几个人的大房间，夏衍说它呼朋引类，当时无房的很多朋友，如吴祖光等都住了进来。有一天，郭沫若和徐冰来这里会朋友，杂谈到秧歌剧《二流子改造》中的"二流子"。郭沫若开玩笑说："住在这里的都没有固定职业，都是二流子，你们这个地方可以叫作'二流堂'。"

历史就是如此捉弄人，"二流堂"里的那些"二流子"在"文化大革命"中成了"二流堂"集团的"反革命分子"。曾经对郭沫若赞许有加的费正清，和郭沫若之间的关系有了天壤之隔。在参加郭沫若50岁生日宴会的一个月之前，9月19日，费正清到文工会拜访郭沫若，费正清和郭沫若等谈了很多沟通中美文化的事情。午餐时，费正清说："希望中美两国互相派遣留学生学习和研究两国的文化，并希望郭沫若能够去美国讲学。"郭沫若"苦笑"着回答费正清："到美国是我非常希望的，可是现在我到成都去都还有困难，哪还能到美国去啊！"12月2日，在费正清即将回美国之际，郭沫若又在百龄餐厅为他饯行。费正清在自己的回忆录中记载了他与郭沫若的这次餐叙。过了差不多三十年，1972年5月，当费正清回到阔别多年的中国时，他却没有兴趣与郭沫若再见。我无法设想，当同在北京的郭沫若知道费正清近在咫尺时，会有怎样的心情。

三

虽然经济拮据，老舍也是个喜欢请客的人。1943年3月24日，在白象街，阳翰笙与老舍、姚蓬子商谈"文协"年会，老舍请他们到小馆里吃了一顿刀削面。即便去朋友家吃饭，老舍也喜欢买些东西。1942年6月9日，老舍和何容买了三斤肉，从北碚去看吴组缃。7月14日则带了一只西瓜看吴组缃，两人闲谈小说题材。而在这一年的端午节，吴组缃于风雨中撑着伞去邀老舍喝酒。

老舍和吴组缃当是边啃西瓜边聊天。吴组缃说自己胸襟不够宽大，情绪常在一种忧郁状态之中，比起那些处境更为艰苦而豪放洒落的朋友，不胜自愧。在自我解剖后，吴组缃劝老舍暂时放弃剧本写作，集中精力写小说。老舍接受吴组缃的建议，说到他的一部长篇小说题材，此时老舍已酝酿写作《四世同堂》。隔了几日，吴组缃在日记中写了读老舍《我这一辈子》的感想："满篇世故之谈，甚可读，唯文艺价值不大、不高。"吴组缃是个有一说一的朋友，隔了几天再读老舍《骆驼祥子》，在日记中说："写大杂院情形及贫民之命运，至为深刻动人。"——想来，这就是知己和酒肉朋友的区别。

在两人吃西瓜后的一个月，吴组缃从并不熟识的中央大学师范学院国文系主任伍叔傥的来信中，获知老舍在操心他的工作。伍叔傥函云："从舒舍予先生得悉尊况，至谢，先生学术甚深，素所钦服，中央大学国文系兹拟聘先生为专任讲师，薪金二百六十元，津贴随时增损，有划一办法。"吴组缃函复伍叔傥约见面时间地点，并说："适晤舒舍予先生，届时舒兄亦愿同来一游也。"

吴组缃七八年没有写小说，《鸭嘴涝》完成后，老舍在1943年6月19日的《时事新报》发表《读〈鸭嘴涝〉》。老舍为吴组缃的新作高兴，但直言书名起得不好。杨晦也曾写信给吴组缃，说《鸭嘴涝》"文字过于修炼，致全篇反而减色"。吴组缃以为"此语极中肯綮"。作家之间这样的直言不讳，作为一种传统在今天差不多已经死去。当时的书商也觉得《鸭嘴涝》之名别扭晦涩，吴组缃左思右想，后来拟改名为"惊蛰"。老舍以为不妥，另取书名"山洪"。从此，《鸭嘴涝》成了《山洪》。1945 年 12 月 16 日，吴组缃收到老舍来信，信中告知，他明年 2 月赴美讲学，家眷离渝，拜托吴组缃照料。

和吴组缃一样，老舍也曾经为胡风悄悄地找工作。胡风在武汉第一次认识老舍，他由上海到武汉，老舍主动去看他。胡风觉得老舍是有正义感的"中间作家"，担任"文协"的总务股主任是众望所归。胡风回忆说："他当场坚决推辞过，但群众不让他辞。抗敌文协在整个抗战期间一直维持着存在，成了国民党统治下唯一继续活动的全国性群众文化团体，除了共产党的领导外，和老舍的态度和地位是有关系的。"武汉失守之前，胡风前往重庆的途中接到了老舍和伍蠡甫打来的电报，约他到复旦大学教书。胡风到达重庆的第二天，在青年会，老舍便亲手交给他复旦大学的聘书。

不善与人相处的胡风用心对待老舍。1941 年 1 月间，胡风约老舍到石子山家中小住，老舍高兴地答应了。也就在这时，以群致信胡风，约他去重庆城里看《七月》大样。胡风没有犹豫，决定还是在家陪老舍："我的工作在文协，这时更要和老舍搞好关系，不能对他失约，使他以为我在开他的玩笑。"老舍在北碚过除夕，写了《北碚辞岁》。1 月 28 日，也就是大年初二，胡风过江去北碚亲自将老舍接到石子山。当天晚上，从未打过麻将、只是在旁观战的胡风，居然陪老舍到隔壁邻居家打麻将了。

打麻将似乎是当时许多文化人的爱好。读《梅贻琦西南联大日记》发现梅校长也是麻将爱好者，他用"看竹"代指打麻将。梅贻琦1941年1月24日在日记中写道："晚为秦大钧夫妇约，与三孩至其家便饭。饭后与秦、徐行敏及杨君看竹四圈，小负。"3月2日，在汪次堪家午餐后，又"看竹四周，六点始出，经潘家稍停返寓"。3月5日，访客甚多，梅贻琦在家中未出门。傍晚至联大批阅公文，六点随蒋梦麟往冈头村，合请俞飞鹏等，饭后"看竹"，至十二点以后才结束。留宿在蒋家的梅贻琦，第二天午前与蒋太太等"看竹"，饭后连续十二圈，梅贻琦小负，只有曾渔生一人大胜。12日在樊际昌（字逯羽）家晚餐后"看竹"，这次梅贻琦小胜。梅贻琦忙里偷闲，3月27日下午，在工校楼大教室约教授会同仁茶叙，茶后五点向教授们报告了叙永分校、本年财务状况、学生近两月之言动、牛津剑桥教授来函及本校准备答复等事宜。会议结束后，梅贻琦至樊宅，参加几位同仁为蒋梦麟赴重庆饯行，饭后"看竹"八圈至十二点，梅贻琦说自己"小胜"。

　　老舍在石子山的那几天，胡风还陪同老舍拜访了复旦大学的马宗融、伍蠡甫、梁宗岱等，并邀约这些朋友到家中聚餐，不亦乐乎。初五，胡风搭乘木船去重庆，行至江中，诗兴大发，步老舍《北碚辞岁》原韵，得诗三首。又过了几个月，5月4日，在参加完张治中为文工会举行的大招待会后，胡风和老舍一道出来，此时已经十来点钟了，胡风就在新蜀报馆老舍的住处打地铺睡下了。胡风告诉老舍自己要离开重庆了，到达目的地后会写信通知他，在这以前请他不要告诉任何人。老舍很严肃地点点头，胡风相信他不是那种出卖朋友的人。香港沦陷后，老舍听不到胡风等人的消息，在和朋友谈话中提到胡风时掉下了眼泪。

四

1942年4月2日，阳翰笙约曹禺和话剧编导杨村彬等在金门喝茶。曹禺在江安不时受到国民党特务的干扰，萌生离开江安的打算。阳翰笙抱着同情心劝曹禺离开江安，到重庆参加剧运。阳翰笙觉得曹禺很"忧愤"，在日记中议论说："像曹禺这样一个有良心的艺术家，都难免会有'怪汉临门'，那就难怪有许多人不能不'夜奔梁山'（延安）了。"

曹禺的"忧愤"与《雷雨》被禁止上演有关。1942年2月的《教与学》刊载了《〈雷雨〉剧本禁止上演》一文，称："曹禺所著《雷雨》剧本因不合抗战需要，教育部函准中宣部特训令各教育厅转饬各学校暂停上演。"早在上一年的9月5日，国民党中宣部部长王世杰复函军委会政治部称："查该剧匪特思想上背乎时代精神，而情节上尤有碍于社会风化，此种悲剧，自非抗战时期所需要。"

此时的曹禺已经开始酝酿写作剧本《家》了。他离开了江安的国立戏剧学校，在重庆附近唐家沱的江轮上，用了三个月的时间改编《家》。在岸上有一间空房，张瑞芳、吴祖光和余克稷等常去那里看曹禺，曹禺对张瑞芳说："我给你写个角色。"剧本完成后，曹禺提出条件，不论哪个剧团演，瑞珏这一角色必须由张瑞芳扮演。

虽有政治的纷扰，但为大局计，左中右各方在场面上还能够坐在一起。1942年6月4日晚，阳翰笙、华林、姚蓬子代表"文协"拜访邵力子先生，说明"文协"诸会友欢迎他出席一次茶话会。6日，"文协"在义林医院举行欢迎邵力子先生晚会，与会人士甚多，气氛亲切愉快。邵力子谈苏德战后文艺界动员情况，并与国内情况进行比较。1944年4月16日，"文协"在重庆文化会堂举行协会成立六周年的纪念会，与会者除老舍、茅盾、夏衍、胡风、曹禺、张骏祥、阳翰笙、张恨水、赵清阁外，国民党方面的张道藩、潘公展等也与会。1945年5月，"文协"改选第七届理事监事，投票的结果，叶楚伧、冯玉祥、张道藩等当选为监事。

国民党政府对文工会一直怀有警惕，这种状况经"皖南事变"之后，随着国共关系的缓和有所改变。1942年12月14日，张治中视察文工会，简单询问了文工会的工作情形、同仁的生活状况、附近一带的治安以及农民在战前和战时的生活等。张治中最后问阳翰笙和冯乃超对国共两党关系的看法。有点出乎意料的阳翰笙回答：对于这个问题，我们总希望很快地能够政治解决，而且只有这样友好地解决，才是国家民族之福。张治中表示：根据委员长的指示及最近双方商谈的结果，他想是一定能够政治解决的，而且也一定能够和平解决的。

或许与这个变化有关，国民党方面也做出了一些姿态。香港沦陷后，夏衍于4月9日到达重庆，当晚见到周恩来，这是他们长沙一别四年后的重逢。周恩来指示夏衍要在重庆争取公开合法的身份，让他去见潘公展。潘对夏衍的到访感到突然，寒暄之后，潘说："这次你们在香港受了惊，道藩先生很关心从香港回来的文化界人士，他派人到桂林去了，和你们联系上了没有？"夏衍回答："我不知道这件事。"潘公展继续说："其实，有许多事，都属误会，像亚子先生、雁冰先生，有什么必要要到香港去呢，现在平安回来了，很好，我和道藩有一个计划，想请一二十位从香港回来的文化界朋友当文化运动委员会的委员，当然只能送一点微薄的车马费。"——这是夏衍在《懒寻旧梦录》中的记载。胡风回忆说，张道藩宴请了从香港回来的文化人，给每位作家送来旅费补助三千元。曾经和张道藩在武汉同台演戏的宋之的告诉夏衍，张道藩邀请他当委员，不必上班，月致车马费一百元。宋之的思考后，拒绝了。

在重庆的许多场合都活跃着周恩来矫健的身影，他对文化人的关心几乎是无微不至。"皖南事变"后，组织安排胡风去香港，在与周恩来谈话的那个晚上，住在曾家岩 50 号的胡风一直记得一个细节，周恩来临走之前给已经睡下的胡风披了披被子。1945 年 9 月 22 日，毛泽东会见重庆的作家和戏剧界人士，毛泽东对曹禺说："足下春秋鼎盛，好自为之。"此话当对曹禺之后的道路选择产生了影响。在去美国讲学之前，曹禺一直寻思在美国该说些什么，心里没有底。曹禺给八路军办事处打电话找吴玉章，不在，又找董必武，也不在。于是曹禺就找了茅盾。曹禺后来回忆说，茅盾留他吃饭，菜很丰盛，是茅盾夫人亲自下厨做的。茅盾说了很多话，曹禺清楚记得两条：有什么就说什么；要讲文学是有社会意义的，不只是娱乐的。

那时，国民党政府似乎对老舍、曹禺等中间文人还没有完全排斥，将他们与周扬等区分开来，这才有了老舍和曹禺的美国之行。1946 年 2 月，国民党三民主义青年团和军委会政治部在中电制片厂大礼堂举办二百多人的盛大联欢晚会，时任军委会政治部部长兼三民主义青年团书记的张治中在讲话时特别提到了老舍和曹禺："参加今天晚会的嘉宾中，我们特别要提到舒舍予（老舍）和万家宝（曹禺）两先生，因为他们已经接受美国国务院的聘约，行将出国讲学。舒先生在小说和一般文艺方面的成就，万先生在戏剧方面的成就，无疑地将是中国文艺界乃至世界文艺界的光辉。这次舒万两先生出国讲学，我们相信他们两位必能为沟通中美文化而有重大的贡献。我们谨借今天的晚会，欢送这两位文化使节，并祝他们一路平安。"

　　老舍、曹禺由渝抵沪，在准备往美国期间，很多团体和友人为他们设宴送行。2月22日，上海戏剧电影协会举行欢送会，张道藩出席并讲话。同样就读于天津南开中学的张道藩，艺术造诣深厚、才华横溢，1937年创办了国立戏剧学校。张道藩知晓曹禺创作的艺术价值和影响力，出面动员曹禺加入国民党，被曹禺婉拒。张道藩也曾因《原野》受到看过此剧的蒋介石训斥，潘公展为此和曹禺有过一次各自绵里藏针的谈话。在这样的交往中，张道藩对曹禺是否心存芥蒂不得而知，他大概也在为大局计，做最后的努力。此时国共两党的谈判尚未破裂，文人中的左中右已悄悄位移。在知识分子分道扬镳的1949年之前，重庆拉开了这场历史剧的帷幕。

五

　　左翼文化人之间的关系，因为20世纪五六十年代各自命运的变化，后来历史的叙述突出了他们之间紧张的一面。其实，当时即便彼此有成见，也能够在一起喝酒吃饭，谈笑风生。

　　1943年5月5日，胡风从城里到文工会，午间，冯乃超请胡风在永兴场小吃。途中，冯乃超、阳翰笙、胡风三人大谈大革命时代的往事，大家都觉得那时许多事情实在幼稚可笑。胡风说："那时知道辩证法这个名词的人恐怕还没有几个呢。"胡风后来的回忆录也记载了这一天的事情，冯乃超带他去拜访阳翰笙，碰巧在路上遇到了，一起去访郑伯奇。前一天，胡风乘车到赖家桥后，先到冯乃超家，见到了同住一处的杜国庠、绿川夫妇、蔡仪等。当晚，胡风住宿冯乃超家，与他们夫妇闲谈到十二点。和这样的谈笑风生相比，胡风在香港见到冯乃超等人的情形和感觉则完全不同了。后来的矛盾扩大了之前的分歧。这个时候的胡风，与郭沫若、茅盾、冯乃超相处和谐。1944年1月24日，阴历的除夕，阳翰笙与成湘兄联名请杨晦夫妇、王冶秋夫妇、鹿地夫妇、刘仁绿夫妇等，受邀的还有冯乃超夫妇和胡风夫妇。

朋友之间不免有亲疏深浅。

郭沫若为老舍创作二十年请客，席间，吴组缃听曹禺说："多年不写太可惜，生活苦些不要紧，苦不死人。"此后曹禺蛰居乡间写作《桥》，他的许多朋友都不知道他身在何处，各种消息都是曹禺最密切的朋友巴金转告。胡风和吴组缃有老舍这样一个共同的朋友，但吴组缃似乎受张天翼、叶以群的影响，对胡风敬而远之。1945年5月2日，吴组缃与张天翼、胡风闲谈，张天翼批评了胡风，提醒他对友军当容，对敌人当猛击。吴组缃在日记中写道："胡风不善处人，以群等均对之嫌恶，不与合作。天翼故讽之也。"胡风曾多次请吴组缃等开一小说座谈会，吴组缃在日记中说："我谓各人路线不同，说假话无意思，说真话则打架，遂作罢。"

一个偶然的因素，也会影响朋友之间的往来。在武汉时，萧军、萧红是《七月》的同人。胡风对萧红和萧军分手并不吃惊，他觉得萧红有权这样做，但又认为何必这样快。在重庆时，一次萧红到胡风家，胡风不在，梅志将萧军新近寄来的新婚照片给萧红看了。萧红看过照片后半天未语，胡风后来回忆说，这在感情上对萧红是个不小的打击。萧红和胡风都住在北碚乡下，但萧红直到去香港再也没有看过胡风。"皖南事变"后，到达香港不久的胡风获知萧红在家养病，便去看望。萧红对胡风说："如果萧军知道我病着，我去信要他来，只要他能来，他一定会来看我，帮助我的。"

萧军此时已经在延安。1940 年 3 月底，萧军从成都到重庆，有时住在胡风家里。萧军想去延安，胡风陪他去曾家岩 50 号，请凯丰部长协助。不久，萧军接到通知，要去延安了。萧军带着胡风去南岸看望他的新夫人和女儿。萧军很得意地向胡风介绍妻女，胡风开玩笑要夫人多管管萧军。出门时，胡风严肃地对萧军说："到那儿你可不能像在上海一样啊，尤其是不能做出伤害你年轻妻子的事。"胡风的心里应该想到了萧红。

六

冰心往来朋友不算多。在罗常培教授的印象中，"潜庐"的女主人冰心虽然做了参政，但招待朋友还是照常的殷勤。罗常培算过，冰心和吴文藻的薪俸不低，但也不够开支，每月都会亏空，有时晚上吃稀饭，孩子们抱怨没有肉吃。让罗常培感动的是，冰心夫妇总是从丰而非从俭招待朋友。和其他文人的招待方式不同，冰心和吴文藻有点"西化"。

1938 年南迁到昆明的冰心一家，曾在呈贡华氏墓庐小庭院寓居两年，冰心取谐音，将墓庐改为"默庐"。罗常培特别欣赏小而精致的"默庐"的位置，面对嘉陵江，兔儿山和云顶在左右屏蔽。1941 年 8 月，冰心移寓歌乐山"潜庐"时，老舍作诗祝贺："敢为流离厌战争，乾坤终古一浮萍。茅庐况足遮风雨，诗境何妨壮甲兵。移竹渐添窗影绿，飞花时映彩霞明。鸟声人语山歌乐，自有文章致太平。"

"潜庐"位于歌乐山林家庙 3 号，与傅斯年所住的中央研究院隔了一道山谷。1941 年 5 月，罗常培路过重庆，曾往中央医院探视割扁桃腺的傅斯年，遵医嘱，未多言语。8 月 17 日再返重庆时，罗常培三次去看望傅斯年。罗常培在《蜀道难》中有趣地写道："他的血压已经降到一百四十度，眼睛也渐渐恢复了，医生嘱他少见客人，少谈话，可是他在没有朋友谈天的时候反倒寂寞得起急。他爱护母校的感情还是很热烈的，有一个饮水忘源只想发展自己的同学忽然在他面前发出打倒北大的妄论，立刻气得他的血压升高了二三十度。"

在 5 月的重庆，和罗常培、郑天挺同行的梅贻琦经罗常培介绍，和老舍初识。梅贻琦喜欢老舍豪爽直率的性情和守正安贫不做左右袒的品格，他和罗常培商量，既然老舍不肯答应杨今甫邀请做北大教授，不妨约请老舍到联大做短期的演讲，老舍愉快答应了。三个月后，梅贻琦、罗常培等再回重庆，老舍从陈家桥寄来两封信，说昆明之行拟终止，如果飞机票不能退，他照价赔偿。梅贻琦在 8 月 19 日的日记中记道："舒舍予有信来，意拟取消昆明之行，急与莘田复信敦劝，托一樵带于途中代投。"冰心和郑天挺也在他们的信上附笔动员老舍践约。老舍接信以后，21 日居然午前从陈家桥步行四十里，黄昏始到歌乐山"潜庐"。老舍也是喝酒后容易激动的文人，开始还是不想赴滇，朋友们一再劝说，"他在酒酣情挚的当儿也就不再坚辞"。8 月 26 日，老舍和罗常培从珊瑚坝机场飞往昆明。

　　往来昆明和重庆的梅贻琦，完美呈现出来教育家的另一面。1941 年 5 月，梅贻琦在繁忙的公事之余，得闲与朋友会晤。23 日，梅贻琦尚未醒来，张充和等来访。九点多，梅贻琦至荫庐 5 号访问张充和。中午在中苏文化协会内餐食，请梅贻琦吃西餐。梅贻琦日记载："菜不佳，地方尚清静风凉。"24 日，晚饭后至张充和处稍坐。29 日傍晚，梅贻琦在郑天挺和罗常培下榻的中央饭店，遇到在座的老舍，随后张充和来了。老舍在附近的乐露春请诸位小吃，梅贻琦感觉黄酒尚好，菜亦可口。31 日，梅贻琦往歌乐山，再去中央医院探视傅斯年。梅贻琦对重庆的炎热不是很习惯，若有凉快感，几乎都在日记中记下。6 月 1 日，张充和在一心饭店再次做东，同席者有郑天挺、罗常培、老舍等。梅贻琦说："菜不甚佳，但渝酒颇好。"

　　西南联大的许多教授都是张充和北大读书时的老师。在张充和弟弟张宗和婚礼上，梅贻琦致辞祝贺。在昆明的两年，张充和的固定工作是编教育部高中国文教科书，她编诗词歌赋，朱自清编散文，沈从文编小说。张充和住在城里的时候，闻一多有时过来吃饭。闻一多好酒，别人不喝，他自斟自饮。张充和唱昆曲，给联大的师生印象很深，很多年以后，汪曾祺在《晚翠园曲会》中依然以极其欣赏的文字清晰地回忆了张充和的"唱法"："她能戏很多，唱得非常讲究，运字行腔，精微细致，真是'水磨腔'……她唱的《受吐》，娇慵醉媚，若不胜情，难可比拟。"

6月1日晚饭后，梅贻琦和诸位在旅馆廊前乘凉，"看斜月落去始散"。日记中的"看斜月"句颇让人对梅贻琦的诗心文采刮目相看。在日记中，梅贻琦常常有很多可圈可点的段落。读到这些句子或段落，我更加明白梅贻琦之所以成为一位不朽的大学校长，或与他的"诗人"本色有关。一个无诗心、少情怀、缺人文的人，何以做校长？我们不妨随梅贻琦一起看夜半月色、黎明日出："夜半忽醒，见窗外月色正明，光辉入室，未起视，仍复睡去。4：50起床，天色微明，少顷见日出，于灰紫雾海中忽吐红轮一线，数分钟后已露四分之一，如一火轮立浮此雾海中，以后轮光渐大，立处渐远，至全轮现出，则光色由红而黄而白，而雾气消散，浮云隐现于山间天际，此时霞光尤为动人，独立户外，注视久之，惜无他人来与领略此美景也。"（1941年7月17日日记）在这次行程中，梅贻琦曾与罗常培"久谈中国文人与文学问题"。

老舍到达昆明后的8月30日，梅贻琦从蓉园为龙言泉、朱云霞证婚回来的途中，特地至青云街靛花巷访老舍，未遇。当时陈寅恪、向达、姚从吾、郑天挺、罗常培、罗庸、杨振声、汤用彤、贺麟等都住靛花巷3号的一幢三层楼宿舍。回到寓所，明月之下，梅贻琦"坐廊上，寂对良久，为之凄然"。9月5日，杨振声等教授在冠生园宴请叶企孙、老舍，梅贻琦作陪。这是现在能够知道的梅贻琦和老舍在西南联大的第一次见面。12日下午，梅贻琦再去靛花巷访老舍。10月19日，老舍和郑天挺邀请梅贻琦至冠生园便饭，做东的是查福熙，梅贻琦则带了两瓶酒。当时郑天挺未复任总务长，樊其昌辞去了联大教务处职务，训导长查良钊又在病中，梅贻琦说自己"勉强唱独角戏，尚不以为苦也"。11月3日，梅贻琦主动带了一瓶酒到靛花巷与罗常培、郑天挺、老舍闲聊。十一点回到寓所，还致信张充和，劝她不要留在艺专。7日晚，梅贻琦在海棠春的饭局稍坐后，又约中文系六君与老舍吃炮牛肉，几个人喝了五瓶酒。兴致颇高的老舍和罗常培禁不住清唱起来。那时的校长与教授之间似乎没有今天这样的距离，教授见校长，不必经"校办"预约，校长见教授，也不需"校办"通知。

后来几年，梅贻琦再去重庆，除了见冰心、吴文藻夫妇和张充和外，文人朋友中便是老舍。1942年11月23日，梅贻琦在会务之余，晚上到"嘉庐"与老舍见面，两人喝了小酒后，又随吴文藻、冰心在一家小馆子晚餐。1945年3月16日下午，在重庆的梅贻琦搭车往沙坪坝，先去了中央医院，然后往歌乐山"潜庐"，在冰心处晚餐，餐后"看竹"消遣。这是梅贻琦在日记中留下的最后一次去"潜庐"的记录。

饶有意味的是，《梅贻琦西南联大日记》中的最后一则内容也与酒有关。1946年10月19日，梅贻琦上午十点赴西苑参加第208师青年军入伍宣誓典礼，检阅后"被强说数句"。典礼结束后梅贻琦进城，晚上六点赴约泰丰楼。梅贻琦记："酒半酣，主人叫条子三人以娱客，实皆无可寓目。未久余因他约先辞出，至骑河楼则刘寿民之局已散矣。"

也就是这个10月，老舍在纽约为《四世同堂》的第一部《惶惑》写"后记"；郭沫若写了散文《鲁迅和我们同在》；胡风在上海复刊的《希望》出至第2卷第4期终刊；冰心过完了46岁生日，

11 月随吴文藻赴日本；巴金的《寒夜》已经在《文艺复兴》上连载了两个月；茅盾在上海华华书店出版《霜叶红于二月花》第三版……

"局已散矣。"梅贻琦如是说。

"夜猫"喊叫催黎明

一

　　呼应《新青年》的是北京大学的新青年们。1919年1月1日，酝酿了一年多的《新潮》第1期正式出版，一时间风生水起。《新潮》创刊时，北京大学已经有21年的历史，但学生自主办刊则始于《新潮》。《新潮》与《新青年》的相互激荡，堪称20世纪中国思想文化界最为灿烂的景观之一。一百年来，以学生刊物对现代中国的影响而言，无出其右者。

　　如果没有北京大学的改革，中国现代知识分子的诞生也许会延后数年。在蔡元培长校之前，北大也是所陈旧的学校。蔡元培校长以其大学理想、专业、怀抱和人格，变更了北大的风气。几十年以后，《新潮》杂志的主要创办人之一罗家伦记忆犹新："蔡元培先生教训学生，来北大是为求学，不当为将来升官发财而来，乃是要为国家民族着想，为负起贡献世界文化的重要使命而来。"

在"五四"前后曾经代理蔡元培校长职务的蒋梦麟在他的《思潮》一书中也有和罗家伦一样的叙述："蔡元培先生以兼容并包的思想，集合了许多学者，在北大研究讨论哲学、文学、人生及各种社会问题。"于是，北大气象为之一变。

北大文科教授创办了《新青年》。集结在这份杂志周围的新式知识分子高举思想革命和文学革命的旗帜，抨击旧思想、旧道德、旧文学，这被仍然生活在旧社会的卫道士们视为大逆不道。一波未平一波又起，《新潮》的潮流又随之而来。罗家伦在这样的大背景下，谈起《新潮》的创刊："不久学生中我们一班朋友，又办了一个月刊叫《新潮》，以初生之犊不怕虎的精神，支持这个主张，更为积极，于是触犯了卫道先生们的大怒。""《新潮》以一个大学生的刊物，第一期出版不过一个月，竟至三版，而销数竟达到一万。"在谈到《新潮》与《新青年》的关系时，周策纵曾经评论说："在《新青年》集团在和北大发生了联系以后，新式知识分子的意见受到高度的推崇和广泛的注意，一方面是北大在中国学术界的领导地位，一方面是因为有日益壮大的学生支持。"

1917 年秋，北京大学学生傅斯年、顾颉刚和徐彦之萌生了创办杂志的想法。次年秋，徐彦之和陈独秀讨论他们的想法。陈独秀说："只要你们有办的决心，和长久支持的志愿，经济方面可以由学校担负。"傅斯年关于《新潮》创刊的回忆，成为后来研究者重复叙述的材料，他特别提到"我们杂志是由觉悟而结合的"。1918 年 10 月 13 日，新潮社同人举行第一次预备会议。关于刊物的名称，罗家伦提出了中文刊名"新潮"，徐彦之建议用英文名Renaissance。在《新潮》第 1 卷第 1 号，罗家伦为《今日之世界新

潮》一文所加的注释中又对 Renaissance 做了解释，他不赞成将
The Revival of Learing 译成"文艺复兴时代"，他觉得 Renaissance
的词根是"新产"（New Birth），所以他把杂志的中文名称译为
"新潮"，是基于这个词的语根和这个时代的精神。

　　四十多年后，胡适对《新潮》刊名的立意仍然十分肯定："他
们那个刊物，中文名字叫作《新潮》，当时他们请我做一名顾问，
要我参加他们定名字的会议——定一外国的英文名，印在《新潮》
封面上。他们商量结果，决定采用一个不只限于'新潮'两个字
义的字，他们用了个 Renaissance。这个字的意义就是复活、再生、
更生。在历史上，这就是欧洲文艺复兴的名字。他们这般年
轻——北京大学最成熟的青年们，在他们看起来，他们的先生们，
对于这个运动已经提倡了一两年时间了，他们认为这和欧洲在中
古时期过去以后，近代时期还未开始，在那个过渡时期的文艺复
兴运动，是很相同的。所以他们用这个 Renaissance 做他们杂志的
名字。"作为顾问的胡适，如此评价他的这些学生们："四十年来，
我一直认为当时北京大学一般学生的看法，是对的。"

　　1918 年 11 月 19 日，新潮社正式成立，胡适任顾问。当时的
会员 21 位，全是北京大学的学生，会员最多时 41 位，多数会员后
来成为五四运动的学生领袖或骨干。1918 年 12 月 13 日，《北京大
学日刊》发表《新潮杂志社启事》："同仁等集合同趣组成一个月
刊杂志，定名曰《新潮》。专以介绍西洋近代思潮，批评中国现代
学术上、社会上各问题为职司。不取庸言，不为无主义之文辞。
成立方始，切待匡正，同学诸君如肯赐以指教，最为欢迎！"周作
人于 1920 年 5 月加入新潮社，成为唯一的教授会员，并于 10 月被

选为杂志社编辑部主任编辑。此时，多数重要成员出国留学，新潮社日渐衰落。这本定期出版的杂志，因五四运动爆发，延后出版了原本于1919年8月出版的第2卷第1号，编辑部特地解释说："因为五四运动发生，新潮社社员分担了运动的责任，而北京大学天天在惊风骇浪中，同人不能安心作文办事，所以推迟到10月出版。"在这一期，傅斯年发表《新潮之回顾与前瞻》，编者说这篇文章"代表我们一大部分的意见"。1922年3月，《新潮》第3卷第2号出版，这是《新潮》最后一期。

在创刊时，傅斯年等人提出了《新潮》杂志需要坚持的三种"元素"——"批评的精神""科学的主义"和"革新的文词"。这三者应该就是《新潮》的"新潮"，从此，"新文化"和"新文学"又有了新的面貌。

二

"今试问当代思想之潮流如何？中国在此思想潮流中位置如何？"这是《新潮发刊旨趣书》开篇振聋发聩之问。

它随后给出的答案是："国人正复茫然昧然，未辨天之高地之厚也。"发刊词直指自外于世界潮流的"中国学术"："其敢于自用者竟谓本国学术可以离世界趋势而独立。夫学术原无所谓国别，更不以方土易其质性。今外中国于世界思想潮流，直不啻自绝于人世。既不于现在有所不满，自不能于未来者努力求求。长此因循，何时达旦？寻其所由，皆缘不辨西土文化之美隆如彼，又不察今日中国学术之枯槁如此；于人于己两无所知，因而不自觉其形秽。"《新潮》是从"中国学术"入手讨论新思潮的。在今天看来，《新潮》同人的观点不无偏颇，但正是由于这样的偏颇才让中国与"当代思想之潮流"相关联，对旧思想旧文化的批判才有了落实。未知者何其多，《新潮》同人以为国人应当知道的是：第一，今日世界文化处于什么阶段；第二，现代思潮的趋向；第三，中国情状与现代思潮的差距；第四，中国以何方式纳入现代思潮。这四个方面大概就是《新潮》启蒙国人的内容和目标。这些青年学生怀抱责任："此四者刻刻在心，然后可云对于本国学术之地位有自觉心，然后可以渐渐导引此'块然独存'之中国同浴于世界文化之流也。"《新潮》同人将此视为本杂志的第一责任。

　　何为今日世界新潮？罗家伦做了一番论述，他认为俄罗斯革命、奥匈革命和德意志革命是这个新潮的起点；以前的革命是法国式的革命，以后的革命是俄国式的革命；前者是政治革命，后者是社会革命。也在《新潮》第1卷第1号上，傅斯年发表了呼应罗家伦的文章《社会革命——俄国式的革命》。罗家伦判断："革命以后，民主主义同社会主义，必定相辅而行。"罗家伦特地解释了他所理解的社会主义与个人主义的关系，以为社会主义也是同个人主义相关的，而不是反对的，以后的社会主义并不是要以雷厉风行的手腕来摧残一切的个性，乃是以社会的力量来扶助那班稚弱无能的人发展个性。——这是罗家伦对现代中国社会道路的预测，他提到的社会主义与个人主义的关系也成为这一百年的"中国问题"。罗家伦自信地说：凡所谓"潮"都是挡不住的，他将欧洲的"文艺复兴"视为"黑暗时代"过后的一个大潮，它酿成了西方今日之新文化，在中国与世界发生关联后，辛亥革命就是19世纪大潮的余波。傅斯年问道："现在东西交通如是之密，中国还不会把世界的新潮卷去吗?"在五四运动发生的当天,罗家伦收到溥泉的信件,他在 10 月 18 日回信说,中国人的思想有三种毒素:奴性的思想,专制的思想,昏乱的思想。而他们倡导的思想革命大概是:变奴性的思想为独立的思想,变专制的思想为平民的思想,变昏乱的思想为逻辑的思想。

思想革命的资源无疑是新思潮。译介西方学术,重估中国学术和以科学应对中国问题因此成为《新潮》的重要内容。谭鸣谦《哲学对于科学宗教之关系论》,解释了何为科学:"科学者,以智力为标准,理性为权衡。"李大钊《联治主义与世界组织》,文章开篇便说"解放":"现在的时代,是解放的时代;现代的文明,是解放的文明。人民对于国家要求解放;地方对于中央要求解放;殖民地对于本国要求解放;弱小民族对于强大民族要求解放;农夫对于地主要求解放;工人对于资本家要求解放;女子对于男子要求解放;子弟对于亲长要求解放;现代政治或社会里边所起的运动,都是解放的运动。"顾诚吾(顾颉刚)《对于旧家庭的感想》循着"根据科学解决社会问题"的思路讨论家庭问题:中国的家庭为什么数千年来没有什么改革? 社会专制不许它改;虽受痛苦,不能自觉,觉了也不敢反抗;学者对此没有精心研究。为什么不想改? 以为家庭制度很是完备,即有不便,这痛苦是应该受的,无讨论的价值;大家要顾全体面,守了"家丑不可外扬"的法言,受了痛苦,只可自己心里明白。顾认为"自觉心"就是"尊重自己的人格"和"尊重人我自由的范围",这是"五四"时期新式家庭的观念,核心是"人格"和"自由"。这篇文章也以较大的篇幅谈论旧家庭中的妇女问题。

　　我们列出《新潮》一些文章的目录，便可以看出和被诟病的"中国学术"相区别的新学说是什么：谭鸣谦《法理与伦理之本质区分论》《现代民治主义的精神》《"德谟克拉西"之四面观》，罗家伦《舆论的建设》《近代中国文学思想之变迁》，朱自清《心理学的范围》，叶圣陶《女子人格问题》《今日中国的小学教育》，俞平伯《我之道德谈》，刘秉麟《经济学上之新学说》《分配问题》，陈达材《物质文明》《社会改制问题》，江绍原《最近代基督教义》，毛子水《国故和科学的精神》，罗家伦《妇女解放》《今日中国之杂志界》《今日中国之新闻界》，何思源《近世哲学的新方法》《社会学中的科学方法》《思想的真意》，周作人《访日本新村记》，傅斯年《汉语改用拼音文字的初步谈》《对于中国今日谈哲学者之感念》，胡适《非个人主义的新生活》，蔡元培《美术的起源》，吴康《论吾国今日道德之根本问题》《从思想改造到社会改造》，汪敬熙《什么是思想》，张申府《哲学数学关系史引论》和冯友兰《柏格森的哲学方法》等。译介的有《行为概论》《推霞》《逻辑漫谈》《私刑》《扇误》《劳动问题之解决》《哲学问题》和《男女关系的进化》等，其中包括《群鬼》（易卜生戏剧）、《相对原理》（爱因斯坦）、《世界史大纲》（威尔斯）、《哲学改造》（杜威）和《布尔塞维克主义》（罗素）等，周作人也翻译了多篇日本文学作品。

　　新学说新思潮不仅激活了枯槁的中国学术，为日后哲学社会科学的发展奠定了基础，而且更为重要的是，这些新学说新思潮成为中国文化现代转型过程中"新文化"的一部分。如果离开《新潮》，是无法说清"新文化"的发生和发展的。

三

是改造社会，还是建立现代民族国家？《新潮》将社会改造置于重要位置。他们评价中国社会，认同的是"西人的观察"："中国社会性质极为奇异。西人观察者恒谓中国有群众而无社会，又谓中国社会为两千年前之初民宗法社会，不适于今日。寻其实际，此言是矣。"他们进一步分析说："中国人本无生活可言，更有何社会真义可说。"社会充斥恶劣习俗、无灵性的人生规律、桎梏行为和宰割心性，置身其中的人犹如犬羊，对生死地位意义茫然无知。这种状况的形成，在《新潮》看来是因为"群众"对学术无爱好心。因而不传谬种，他们要以传播"科学思想"来改造群众，从而改造社会。

如此，我们便可以理解《新潮》第1卷第1号头条文章是傅斯年的《人生问题发端》。傅斯年尖锐地指出，中国现在的人生观和历史上的人生学说，多半不是就人生解释人生，总是拿"非人生"破坏人生。傅斯年认为这些观念和学说是"左道"，他逐一批驳了达生观、出世观、物质主义和遗传的伦理观。傅斯年提出了观察和思考人生的五个条件，他最后得出的人生观念是：为公众的福利自由发展个人。——个人和个人的自由发展正是"五四"新文化运动中的新思想，社会—人生—个人，是一条清晰的线索。在讨论现代社会的人生观时，傅斯年还特地提到了《愚公移山》，他说他的人生观念就是"愚公移山论"，人类的进化吻合了愚公的办法。自古以来的人类，不知不觉地慢慢移除山上的石头土块，人类不灭，山地也渐渐平坦下去。这对集结在《新潮》和《新青年》周围或深受其影响的现代知识分子而言，"愚公移山"是一个重要的隐喻，但历史的坡道是不平坦的，因而后来许多知识分子又赋予西方的西西弗神话以中国式的内涵和象征意义。

既然将以新思潮改造社会放在重要位置，那么《新潮》不可避免地对诸多社会问题做出批判，因而有了"评坛"这一栏目。这个栏目的文章通常很尖锐，比如《心气薄弱之中国人》《中国文艺界之病根》《自知与终身之事业》《社会——群众》《社会的信条》《破坏》和《打破中国神怪思想之一种主张》等。在设立"评坛"这一栏目时，编辑部用了一段文字说明"评坛"专门批评社会上的情形与学术界的事理。罗家伦以杂志"记者"身份主笔的这段文字生动活泼：

> 有几位说："你们都是学生，'入世未深'，如何可以批评社会的现象呢？况且你们在求学的时代，自己的学问还没有求够，如何可以批评学理呢？"记者说："对对！我们所以设评坛的道理，正是为了你所说的缘故！因为我们'入世未深'，所以还有几分没有与社会同化。而且不知世路艰险，所以还敢放大胆子，以第三者的眼光，说几句'局外话'，'世纲'如何，也都不管。说得不错，就望社会加以采择。说错了，就望社会赐以匡正。……至于我们在求学时代不配批评学理，我们也是承认的，但是近来中国学问界异常寂寞，对于世界上的新学理几乎一无知闻，就是对于一切不合真理、早经世界上大学问家驳倒了的学说，还是'奉如环宝''视若家珍'，你说可怜不可怜呢？现在名流学者都无暇顾及此，他们只是做他们的名流学者去了！"

这里的"有几位"可称为"长者","学生"和"长者"的这番对话，几乎可以视为一个世纪性的"寓言"。学生就是学生，罗家伦说他们现在就"放肆"了。后来傅斯年在和鲁迅的通信中也谈到了这一点。

社会问题讨论多了，就有可能靠近政治而离开思想文化，《新青年》和《新潮》的一部分人创办《每周评论》便是这一变化的反映。罗家伦对此的解释是："那时候这一班主张文学革命的教授和学生，更觉得批评和研究当代政治社会问题的重要。于是又合办了一个小型周刊，叫《每周评论》，专以短小精干的文字，讨论国际国内的现实问题。这是一个当时很有力量的刊物，风行一时。"许多年后，胡适回忆说："在民国六年，大家办《新青年》的时候，本有一个理想，就是二十年不谈政治，二十年离开政治，而从教育思想文化等等非政治的因子上建设政治基础。但是不容易做得到，因为我们虽抱定不谈政治的主张，政治却逼得我们不得不去谈它。民国六年第二学期陈先生来到北大，七年陈先生和李大钊先生因为要谈政治，另外办了《每周评论》，我也不曾批评它，他们向我要稿子，我记得我只送了两篇短篇小说的译稿去。"《新青年》的分歧在后来也影响了《新潮》同人的道路。

四

文学革命与思想革命的相互激荡，是"五四"新文化的一大特征。《新潮》杂志在这个意义上留下了新文学发生的痕迹。

在罗家伦看来，他当初是和傅斯年等好几位同学抱着一股热忱，要为"文学革命"而奋斗，《新潮》是这个时代中公开主张

"文学革命"的第二个刊物。他们不但主张，而且实行彻底的以近代人的语言，来代表近代人的意思，所以全部用语体文而不登载文言文。罗家伦《今日中国之小说界》中猛烈抨击了小说界之三派：第一派是"罪恶最深的黑幕派"，当年的《孽海花》略好一些，今日的黑幕小说则是胡闹罢了；第二派是"滥调四六派"，他举了徐枕亚的《玉梨魂》；第三派是"笔记派"，其源流是明清笔记小说，大毛病是"无思想"。在回忆《新潮》与"文学革命"的关系时，罗家伦说："在三十年前的中国，这一切的一切，是何等的离经叛道。警世骇俗。我们主张的轮廓，大致与《新青年》主张的范围，相差无几。其实我们天天与《新青年》主持者相接触，自然彼此之间都有思想的交流和互相的影响。不过，从当时的一般人看来，仿佛《新潮》的来势更猛一点，引起青年们的同情更多一点。……到了民国八年上半年，文学革命运动的巨浪发生，更把他澎湃至全国每一个角落，这股伟大的思潮，在许多方面很像是 18 世纪后期由德国开始，以后弥漫到全欧的'启明运动'。"

罗家伦所说的"语体文"便是"白话文"。傅斯年著名的《怎样做白话文》中关于白话文与新文学的关系，也是当时的一般之论，但傅斯年在"白话文"与"人的"文学之间找到了联系："我们所以不满于旧文学，只为它是不合人性、不尽人情的伪文学，缺少'人化'的文学。我们用理想上的新文学代替它，全凭这'容受人化'一条简单道理。"傅斯年的文学观是启蒙主义的文学观："能引入感情启人理性，使人发生感想的，是好文学，不然便不算文学；能引人在心上起许多境界的，是好文学，不然便不算文学；能化别人，使人忘了自己的，是好文学，不然便不算文学。所以，文学的职业，只是普遍的'移人情'，文学的根本只是'人化'。"如何"人化"？参照者是"西洋近世的文学"："所以我们对于将来的白话文，只希望它是'人的'文学。但是这道理说来容易，做去便觉得极难。幸而西洋近世的文学，全遵照这条道路发展，不特它的大地方是求合人情，就是它的一言一语，一切表词法，一切造作文句的手段，也全是'实获我心'。我们径自把它取来，效法它，受它的感化，便自然而然的达到'人化'的境界，我们希望将来的文学是'人化'的文学，须得先使它成欧化的文学。就现在的情形而论，'人化'即欧化，欧化即'人化'。"傅斯年好像意识到这样说有些极端，因而用了"就现在的情形而论"这样的限定。

《驳胡先骕君的中国文学改良论》是罗家伦当年的一篇檄文。在罗家伦心中，文学是什么？他在《什么是文学——文学界说》中则做了若干点界说：文学是人生的表现同批评；最好的思想；想象；感情；体裁；艺术；普遍；永久。罗家伦对文学的最终界说是："文学是人生的表现和批评，从最好的思想里写下来的，有想象，有感情，有体裁，有合于艺术的组织；集此众长，能使人类普遍心理，都觉得它是极明了、极有趣味东西。"三十年以后，罗家伦回忆当年《新潮》的文学主张时，似乎更深入了："我们主张文学主要的任务，是人生的表现与批评，应当着重从这个方面去使文学美化和深切化，所以我们力持要发扬人的文学，而反对非人的与反人性的文学。我们主张学术思想的解放，打开已往传统的束缚，用科学的方法来整理国故。我们推广这种主张到传统的社会制度方面，而对固有的家族制度和社会习惯加以批评。我们甚至于主张当时最骇人听闻的妇女解放。《新潮》的政治彩色不浓，可是我们坚决主张民主，反封建，反侵略。我们主张我们民族的独立与自决。总而言之，我们深信时至今日，我们应当重定价值标准，在人的本位上，以科学的方法和哲学的态度，来把我们固有的文化，分别地重新估价。"

　　用今天的话说，《新潮》是本包含文学在内的大文化刊物。我们在《新潮》读到的小说有汪敬熙《雪夜》《谁使为之?》《一个勤学的学生》《一课》，欧阳予倩《断手》，杨振声《一个兵的家》《贞女》，俞平伯《花匠》，叶绍钧《春游》和鲁迅《明天》等；诗歌有胡适《十二月一日到家》《关不住了》《商山》，叶绍钧《春雨》，顾诚吾《悼亡妻》，俞平伯《冬夜之公园》，康白情《雪后》《棒子面》《朱先生和听差》《车行郊外》，裴庆彪《爱的神》，骆启荣《爱情》，傅斯年《老头子和小孩子》《前倨后恭》《心悸》《心悸不了》，仲密《京奉车中》，以及罗家伦《"除夕"入香山》《天安门前的冬夜》等。这些作品多数没有成为现代文学史上的经典之作，但它们开风气之先，仍然是我们回溯那段文学史需要提及的一种现象。

五

　　围绕《新潮》两代新式知识分子的互动，也是一百年后需要关注的一个话题。且不说蔡元培的护卫、陈独秀的助力、胡适的顾问和李大钊、周氏兄弟的参与这些具体细节，他们在思想上一度的契合，似乎也是现代中国难得一见的故事。

　　1919 年 7 月，蒋梦麟代理蔡元培的校长职务，偕学生会代表张国焘从北京坐火车往上海。在北京大学，蒋梦麟第一次见到了傅斯年和罗家伦。他对这两位北大"五四"健将的印象是："不但善于谋略，而且各自舞着犀利的一支笔，好比公孙大娘舞剑似的，光芒四照。他们约好了好多同学，组织了一个新潮社，出版了一种杂志，叫作《新潮》，向旧思想进攻。"在这之前，有人造谣，说傅斯年接受某烟草公司的津贴，这家烟草公司又有日本股份。在全国反日的情势下，说傅斯年拿烟草公司的股份，当然是想毁掉傅斯年。蒋梦麟在上海看到报纸上的消息，便写信给傅斯年，表达安慰之意。两人首次见面，肥胖的傅斯年穿了一件蓝布大褂，高谈阔论了一番五四运动的来踪去迹。许多年以后，蒋梦麟长北京大学，傅斯年任所长的"中央研究院史语所"也由南京迁至北平，两人常常见面。蒋梦麟回忆说，九一八事变后北平多事之秋，他的"参谋"就是胡适和傅斯年，事无大小，都就商于两位。

　　鲁迅既是《新青年》也是《新潮》的作者。第 1 卷第 5 号刊载了鲁迅和傅斯年的通信，鲁迅对《新潮》用心之细致令人惊叹。傅斯年曾致信鲁迅肯定《狂人日记》，鲁迅回复《对于〈新潮〉一部分的意见》。鲁迅回信中提的问题非常具体："新潮每本里面有一二篇纯粹科学文，也是好的。但我的意见，以为不要太多，而且是无论如何总要对于中国的老病刺它几针。"谈到《新潮》的文学作品，鲁迅中肯地指出："新潮里的诗写景叙事的多，抒情的少，所以有点单调。此后能多有几样作风很不同的诗就好了。翻译外国的诗歌也是一种要事，可惜这事很不容易。""新潮里的《雪夜》《这也是一个人》《是爱情还是苦痛》（起首有点小毛病），都是好的。上海的小说家梦里也没有想到过。这样下去，创作很有点希望。《扇误》译得很好，《推霞》实在不敢恭维。"傅斯年致信鲁迅，夸《狂人日记》，鲁迅也因此回应说："《狂人日记》很幼稚，而且太逼促，照艺术上说是不应该的。来信说好，大约是夜间飞禽都归巢睡觉，所以单见蝙蝠能干了。我自己知道实在不是作家，现在的乱嚷，是想闹出几个新的创作家来——我想中国总该有天才，被社会挤到在底下，——破坏中国的寂寞。"傅斯年、罗家伦都说到中国的寂寞，而鲁迅的"破坏中国的寂寞"便是铁屋中的呐喊。

傅斯年回复鲁迅这封信时，直接表明采纳鲁迅关于科学文的意见，说"此后不有科学文则已，有必不免发议论"。傅斯年也赞成鲁迅对《新潮》诗歌和部分小说的评价，他还重申了他对《狂人日记》的评价，"《狂人日记》是真好的，先生自己过谦了"。对于鲁迅说到的闹出几个新的创作家来破坏中国的寂寞，傅斯年进一步回应说："先生想闹出几个新的创作家来，实在是我们《新潮》创立的目的了。平情而论，我们正当求学的时代，知识才力都不充足，不去念书，而大叫特叫，实在对不起自己。但现在的中国是再要寂寞没有的，别人都不肯叫，只好我们叫叫，大家叫得醒了，有人大叫就是我们的功劳。有人说我们是夜猫，其实当夜猫也是很好的；晚上别的叫声都沉静了，乐得有它叫叫，解解寂寞，况且夜猫可以叫醒了公鸡，公鸡可以叫明了天，天明就好了。所以，人家骂我们'胆大妄为'，正是我们的长处；所谓'日出而爝火息'，正是我们要求的命运。——但是日月一时不出，爝火总不令它一时息去。"

在《新潮》创刊四十多年后的一次演讲中，胡适仍然以欣慰的心情高度评价他的这些学生们："'五四'的前一年（五四是民国八年），在民国七年的时候，北京大学一般学生，一般高材学生，已经成熟的学生，里面有傅斯年先生，有罗家伦先生，有顾颉刚先生，还有很大的一群——也不能说是很大的一群，只可以说是北京大学那个时候最成熟、最高材、最有学问、有知识、有见解的那一般学生，——他们响应他们的先生们——北京大学一般教授们，已经提倡了几年的新文艺新思想，也就是所谓的文艺革命、思想革命。他们办了一个杂志，那个杂志我今天早上已经说明白。"胡适甚至认为，《新潮》杂志在内容和见解两方面都比他们的先生们办的《新青年》还成熟得多，内容也丰富得多，见解也成熟得多。他说在当时大学生刊物当中，在世界学生刊物当中，《新潮》都可以说是个很重要的刊物。

先生哺育了学生，先生是思想领袖，学生则成为五四运动的健将。在"五四"当天，罗家伦一气呵成《五四宣言》。不久，罗家伦在第 23 期的《每周评论》发表《五四运动的精神》，首次命名了"五四运动"。罗家伦回忆这篇文章时说："当'五四运动'最激烈的时候，大家都在高叫'爱国''救国'的声浪，我就以为我们'五四'运动的真精神并不在此，我声明我们的运动的价值，并不仅在于'外争国权，内除国贼'（其实这两句话，是在我五四早上所作的宣言中造成的），我们运动的实在价值之所托，在乎三种精神。这三种真精神就是中国民族存亡的关键。所谓三种精神是：学生牺牲的精神，社会别裁的精神，民众自决的精神。"

我们未必完全认同罗家伦对"五四"精神的概括，当他多年以后重新阐释自己的主张时，已经受到现实语境的影响，但他的这番解释也成为研究五四运动的一条线索。新潮社的成员在后来也选择了各自的道路，并且具有不同的政治倾向，如果说这也是一种分化，那么显然无法与《新青年》比拟。新潮社的成员，似乎更倾向于胡适的主张，多数人后来都走上了学术道路。但无论如何，他们中的多数人仍然心系学术，这与他们当年试图革新中国学术的初衷也无大的矛盾。

罗家伦在 1920 年 5 月《一年来我们学生运动底成功失败和将来应取的方针》已经有了思想的转向，他认为专门学者的培养，实当今刻不容缓之图。罗家伦说："我常常愤闷起来的时候想到：若是西洋人骂我们是劣等民族，我简直无法否认。你看现在的中国哪里有一种学问配在世界上说话；说到这点，我们中国人连印度人都不如呢！所以现在最要紧的，就是要找一班能够造诣的人，抛弃一切事都不要问，专门去研究基本的文学哲学科学。世局愈乱，愈要求学问。现在大家是分工的时候，不是万能的时候了！我以为中国的社会固然是毁坏学者；而我们现在的行动，也是同一样的毁坏学者。"他以他的个人经验为例：天性是在求学方面比事务方面见长，好不容易辛辛苦苦读了几年书，而去年一年以来，忽而暴徒化，忽而策士化，忽而监示，忽而被谤，忽而亡命……如果用这样的心血完成想译的三五部书，那么对于中国的文明比之现在何等贡献？想到这里，罗家伦说他"偶一回头，为之心酸"。他将来采取的方针是："总之，我们做文化运动的最后觉悟，是要知道现在中国没有一样学问，可以在世界上占得位置的；无基本文化的民族，在将来的世界上不能存在的。"

1920 年 8 月 1 日，已经负笈英伦的傅斯年给胡适写了去国后的第一封信。"近来很不想做文章：一来读书之兴浓，作文之兴便暴减；二来于科学上有些兴趣，望空而谈的文章很觉得自惭了；三来近中心境思想觉得比以前复杂，研究的态度稍微多写，便不敢大说冒失话；四来近中觉得心里边的 extroversion（外向）的趋向锐减而 introversion（内向）之趋向大增，以不免有些懒的地方。"由傅斯年说的这四点，也可知《新潮》的停刊是必然的。就在致胡适的这封信中，傅斯年提到了俞平伯。这位俞平伯同学忽然抵英两周后回国，傅斯年担心他是"精神病"，赶到马赛截他，才知道他回国的原因是想家。俞平伯归国后"输入新知"的机会虽断，"整理国故"的机会未绝，傅斯年认为俞平伯"中国文先生的毒不浅，无病呻吟的思想极多"，误于国文，一成文人，"便脱离了这个真的世界而入一梦的世界"。所以，傅斯年跟他们的老师胡适先生说："平伯回国敢保其不坠落，但不敢保其衰枯。"在傅斯年看来，西方的新知是何等的重要。所以，他担心俞平伯离开"新潮"后的"衰枯"："当时有《新潮》一般人，尚可朝夕相供，现在大都毕业，零散不少。如果先生们对他常常有所劝勉，有所导引，他受益当不会少的。否则不免可虑。"

《新潮》最终散了。新潮还在。离开新潮会不会衰枯的问题还在。

六

在《新潮》第 1 卷第 1 号傅斯年与罗家伦的文章之间，有一页刊载了一则不见于杂志目录的寓言。这则寓言说：

　　一个家里放的蜡制神像，无意之间，被人放在一块火的旁边；这火是用来烧坎盘细磁的。蜡神被火热着，渐渐的化了。

　　蜡神大骂这火道："看！你这样虐待我！对于那些东西，你成就他，你却破坏我来。"

　　这火答道："你没得可怨，除非怨你自己的性质。说到我，我是火，永远这样，到处这样的。"

《新潮》其实就像一把火，它烧毁了神像。

靳以与他的文学世界

在 20 世纪 80 年代初的大学课堂上，文学史中的靳以留给我的印象就像文学词典的词条一样简明扼要：作家、编辑家、教授、左翼知识分子；《文学季刊》《收获》和他的《前夕》等。我最早知道靳以的名字是 70 年代中期，我在表姐的一堆书中翻到了一本陈旧的《收获》杂志，上面有巴金和靳以的字样。巴金和靳以是谁，我在乡下并不知道，后来读高中偷偷读到《家》才知道巴金是何等重要的作家。80 年代末 90 年代初，我写作《中国当代散文史》的过程中，细读了靳以的几本散文集，对他的生平、创作和文学活动有了进一步的了解。在自己的研究领域不断向上追溯时，靳以作为知识分子在由现代而当代的道路也进入我考察的视角之中。那时，我粗略的印象是，靳以是一位值得我们留意的人物。

靳以在我的内心成为一个有血有肉的人物是我邂逅他的小女儿章小东和她的先生孔海立教授之后。好像是 2008 年，孔海立教授应季进教授之邀到我供职的苏州大学文学院做讲座，我和他们夫妇是在他讲座结束后寒暄的。在后来的细谈中，我才知道孔海立是孔罗荪先生的公子，章小东是靳以先生的女儿，两位都是文化名人的后代。孔罗荪和靳以是挚友，靳以去世时，小东才三岁多，靳以无法料到他和孔罗荪会成为儿女亲家。小东对父爱几乎没有什么记忆，她一直活在想象的父爱中。

我仿佛由海立和小东介绍认识了靳以先生和孔罗荪先生。我和海立、小东成为很好的朋友，我称小东大姐，知道小东的大姐叫章洁思。在上海鲁迅纪念馆举行靳以百年诞辰纪念活动之前，我先收到了张充和先生题签的《靳以影像》，随后又去上海参加靳以百年诞辰纪念活动，终于有了一次正式缅怀和致敬靳以先生的机会。那段时间，我感觉靳以复活了，他戴着眼镜，从影像里走到我们中间。就是在那次纪念活动中，我见到了章洁思大姐，她坐在轮椅上，我感觉她的神态很像她的爸爸。我再次见到章洁思大姐，是在《收获》创刊六十年周年的座谈会上。那天是我主持座谈会，在许多作家发言之后，我请李小林老师讲话，她说她不讲了。我又走到章洁思大姐面前，她也说不发言。两位的低调让我对她们充满敬意。我从小东大姐那里知道，洁思大姐整理靳以日记书信的工作已经接近尾声。又过了两年，洁思大姐整理的《靳以日记书信集》终于由上海辞书出版社出版。这是相当长一段时间内现代作家文献整理的重要收获。

2010年6月，我在结束哈佛—燕京学术访问之前，专程到费城，在海立和小东家住了一周。小东大姐有非常好的厨艺，那些日子除了品尝她做的美食外，就是海阔天空谈文化人，说到很多有意义或者有趣的话题。萧红当年从武汉去重庆之前曾向孔罗荪告别，萧红和罗荪夫人是同一个中学的同学。靳以和张充和曾经彼此有好感，一起看过戏。靳以没有特别的爱好，他在1934年11月到英子的信中说，没有烟酒及一切的嗜好，只是在闲着的时节，有时到戏园子去听旧戏。张充和和左翼知识分子往来的人并不多，靳以可能是少数几位之一。1949年4月，靳以给已经去了美国的张充和写信，动员她回国："看了你的信，大家都觉得你们还是回来的好。这个大场面你不来看也是可惜的。当初我就以为你的决定是失策的，可是没有能说，也不好说。看到你的兴致那么高。有机会还是回来吧。你答应过给'黄裳'写的几个字也没有影子，得便写点寄来吧。我们都好，大家盼望你回来。"这是新中国成立前夕靳以写给张充和的，言辞恳切坦率。靳以的政治立场清晰，但朋友圈没有受政治的影响，相反，他以朋友的真心实意召唤张充和回国。当小东在美国见到张充和，说自己是靳以的女儿时，张充和热泪盈眶，从此小东喊张充和"姨妈"。我在费城时，他们夫妇驱车，我们一起去耶鲁看望张充和先生。我在之前的写张充和先生的两篇文章中，都曾记述见面的情景，在场的我确实感受到那种温暖的情谊。

读《靳以日记书信集》，是对文学史现场的一次重返和勘探，如章洁思所说，这是一个时代知识分子的写照。《靳以日记书信集》分为三辑，收录《赴朝日记》《佛子岭日记》《入川日记》《东北旅行日记》和《访苏日记》，书信159封，序跋30篇。这是目前最为完备的靳以在小说、散文之外的"副文本"结集。这些日记、书信和序跋反映了靳以从1928年发表处女作开始后的文学活动、社会活动和亲友往来等细节，特别是靳以作为一个作家和编辑家由30年代到50年代的思想、生活、创作和编辑等方面有了场景式的呈现。章洁思在整理、编辑这些日记、书信和序跋时，既融入身为女儿的感情，又显示了作为整理者在学术上的严谨。在谈到日记整理时，章洁思说："由于年深日久，活页纸上有的笔迹已经洇开了，但我顺着父亲的笔迹跟着父亲的脚印进入他的生活，与他一起经历、感受、感叹、欢笑……觉得无比幸福。父亲的日记纯粹是写给他自己看的，所以往往字迹潦草，尤其是外文，不按规则省略，可是，也正因为此，我更感亲切。我跟着父亲去了朝鲜，仿佛听到炮火的轰鸣。我跟着父亲去了佛子岭，与他一起欣喜地看到佛子岭的曙光。我跟着父亲回到我的出生地重庆夏坝，看到了我们曾经避过洪水的高院子马宗融先生的家。"本书附录中章洁思四篇相关文章有助于我们阅读和理解靳以的书信和日记，而她整理的《靳以年谱》简洁而翔实，可以和日记、书信参照阅读。为了体现文献的真实性，章洁思整理的日记和靳以的日记手稿并列，又穿插了与日记相关的散文。章洁思对靳以的书信也做了必要的注释和考订。如果从90年代末收集书信开始算起，章洁思整理、编辑和出版《靳以日记书信集》几乎用了二十年时间，我们可以想象其中的艰辛与欢乐。这个过程是章洁思和父亲的一次长久的对话。

　　我们可以从不同的角度进入《靳以日记书信集》。也许我们可以把这本书视为靳以这一代文学知识分子的思想与感情传记，特别是可以借此考察靳以从现代到当代的思想历程，尤其是他在50年代的思想状态。我们可以看到，靳以完全融入了新社会新生活。他热情乐观地在现实中穿梭，和当时许多进步的知识分子一样，对新中国的建设抱有巨大的热情和长远的期待。在这个意义上，我们可以看到靳以是如何获得新生的。1959年5月底，靳以成为中国共产党预备党员。6月10日，靳以写信告知刘白羽他入党的消息："我的组织问题上月底支部开了两个半天会通过，今天我知道市委已经通过了，我知道你非常关心这个问题，我立刻写信告诉你，并希望以后不断地帮助我教育我，让我更好地为党工作。并请转告周扬同志和荃麟同志，我也非常感谢他们对我的关心。"靳以赴朝四十天，在朝鲜战场上，他和"最可爱的人"一样经受如雨的炸弹；在佛子岭水库工地体验生活三个月，他告诉女儿佛子岭水库是漫山遍野的杜鹃花；他再次入川，重返重庆，他为重庆的新变欢欣鼓舞，预言重庆人民将和全国人民一致努力共同奔向更幸福的境地；他到东北去，迎接新中国第一辆汽车的诞生；他率团访问苏联五十天，生动而具体地认识中苏人民最深厚的友情。这些日记，都写出了新中国蓬勃向上的生气和他生活在其中的幸福快乐。用今天的话说，靳以是一位深入生活扎根人民的作家。

靳以未必懂多少政治，但他始终去理解政治，对政治怀有热情，这是靳以和他们这一代知识分子的特点。1954年10月，靳以重回重庆。他在给萧珊的信中说："北碚我去过了，温泉很好，黄桷树也去了，旧居的地方都看到了，看到了以往的地方都在，而且我种过的那一方小土地也在，老马的高院子也在，而且都比从前好了，是一件高兴的事。"靳以说他种过的那一方小土地在北碚的夏坝。1944 年 1 月，靳以夫妇从桂林出发，经贵阳，于 1 月底到达重庆，重回复旦大学任教。此时他的夫人陶肃琼正怀着女儿南南（章洁思），一路颠簸。值得留意的是，在这封信中，靳以从政治的变化解读了重庆城市的改变："重庆的改变，表面是一些道路，更深入一些，是社会关系，是人与人关系的改变。我不给你上政治课，其实政治就是人生，要活得好，活得像一个人，就是政治。"靳以的话是单纯和深刻的，政治确实改变社会改变人生。如果天假以年，靳以可能会觉得他自己并不懂政治，而政治也远远比他意识到的要复杂。郭小川 1957 年 5 月完成、11 月改定的长篇叙事诗《一个和八个》曾经被《收获》退稿，但如何被退稿，语焉不详。郭小川自己在一份"交代材料"中曾说，《一个和八个》先投给《人民文学》，迟迟未登；再投给《收获》，收到一封提出尖锐意见的退稿信。《靳以日记书信集》收录了这封退稿信的一部分，靳以代表《收获》写的这封信这样和郭小川解释："……主要是因为这个主题很难掌握，发表出来起到什么样的作用很难说，从积极方面来说，作品起什么样的教育作用？可能要引起读者很多意见，尤其是会被不良分子钻空子，说：党是常会冤枉好人的。"章洁思在这封信的后面加了整理附记："这是在 1958 年的形势下。靳以在信的前面说，《收获》的一些编委巴金、周而复、孔罗荪、吴强、峻青、肖岱特地开了一个小会讨论了这部作品，决定还是不发表为好。靳以在信尾还希望郭火速另外寄诗来，长诗组诗均可，表示'我们在迫切地等待着'。"虽然认为《一个和八个》关于共产党员的光辉形象没有塑造好，但靳以和巴金对郭小川是诚恳的："尤其在目前的时候，这样的作品发表是很不恰当的。不知道你对这些意见如何？巴金同志到北京开会，当面也会和你详谈的。"（1958 年 1 月 21 日）

用心办刊，诚心约稿，是靳以作为编辑家的一大特点。1956年靳以在出访苏联的途中给巴金写信谈《收获》的创刊："刊物事在北京谈了一下，情况很好。回去就要做具体准备。""在北京谈起时，他们的意见还是偏重你我二人合编，我想不会妨碍你的工作，也希望你同意。"这封信谈到的组稿情况是：老舍和曹禺的剧本，茅盾的长篇小说，萧克将军的长篇小说，荒煤的散文，丽尼的散文，卞之琳的小说，康濯和艾芜的小说，沈从文的游记，等等。靳以在信中说《收获》要继承并发扬《文学季刊》和《水星》的传统。1957 年 1 月 26 日，靳以在给友人的信件中透露了创办《收获》的消息："现在我正在筹备一个纯文学刊物（指《收获》——整理者按），大约七月一日创刊，每期五十万字，到底是月刊还是双月刊还没有决定，主要看纸张和稿源。主要是登长篇中篇，长诗。总会的书记处又为我安排了一个书记职务，可能要时常跑来跑去，自己创作的时间该更少了。"我们从信件中可以看出他四处约稿。

1958 年 4 月，他给在成都的沙汀写信说："我们一直在等着你的小说，可是一直也没有来，连信也没有来。可是我们知道你在人民文学上将有小说，我们的心里很难过。希望你给我们写小说或散文，随时写好，随时寄来。请千万不要让我们等。"这样一种编辑家的品格，从巴金、靳以到李小林、程永新一以贯之。

巴金和靳以的关系是文学史上的一段佳话。从章洁思的序言中我们知道，整理靳以书信最初是巴金先生的建议，在获知罗荪先生患病遗失已经收集到的信件后，巴金复印了靳以写给长春一汽两位宣传干事的五封信，后来又复印了靳以写给他和萧珊的信件。正是巴金的期待和支持，章洁思重起炉灶，寻觅收集父亲的信件。自从靳以去世后，每逢遇到纪念日巴金总会提醒章洁思，问她、帮助她，或者给她出主意。我们从靳以给巴金的信中，能强烈感受到两人之间的情谊。1931 年靳以和巴金相识，上一年巴金小说《爱的摧残》和靳以小说《变》发表在郑振铎编辑的《小说月报》上，从此有了近三十年友情。1936 年，靳以和巴金等十二人一起为鲁迅先生抬棺。1935 年由北平寄往上海的信中，靳以谈到了曹禺的《雷雨》："家宝雷雨等他考完就要他好好改一下，并望他做一篇有用处的序（关于上海及脚色等等的专门话）我想不成问题。此事大约月底可以办好。"同年给巴金的信提到有人批评巴金的译文："张露薇在益世报上骂了一顿你的翻译（即指你在译文上发表的屠格涅夫散文诗），他的话说得极无根据，他说别人译得不通，实际是他的话说得极无理由。"1936 年 2 月 29 日，靳以从天津到上海，行前给巴金去信："到上海动身信，只写给你一人，所以盼你到站接我。"靳以期待他们俩在上海"先快活谈谈玩玩"。1957 年 7 月 11 日，靳以给在北京的巴金回信："来信收到了，这两天上海也大热，会也开得多，对右派分子的斗争也很紧张。你在北京太忙了，望保重身体。'收获丛书'事还望你负责，许多杂事我可以帮助你做。"

我们也读到了靳以的父爱。1956年靳以访问苏联期间，章洁思得重病瘫痪。在快结束访问时，陶肃琼才告诉靳以女儿生病的消息。翻译柯爱华（俄文名克拉克·克留齐克柯华）为此取消了靳以的一部分活动，陪同靳以去医院询问药物和治疗等。章洁思在很多年以后读到了父亲的访苏日记，在一叠小小的活页纸上，靳以写下了他获知女儿患病后的心情："我心中非常难过，热泪盈眶。我也不愿意去参观，下午一人在家，想法子和上海通电话。""晚十一时去参加作协的新年晚会，罗苏、组缃也去了。因为兴趣不佳，索然寡味。"（1956年12月31日）"晨发琼和南南的信。昨天打电话的时候，忍不住哭了，可是肃琼以为我摔了一跤。""下午没有出去。晚库里克夫妇来，我和罗苏等还到了运动场，看孩子们的枞树节。看到活泼的孩子们，我又想起南南，心境极不快。"（1957年1月2日）1月5日，靳以记下了《访苏日记》的最后一条："昨晚一夜难眠，闭上眼就梦见南南。"靳以回国后，给他访苏时的翻译柯爱华写信，感谢柯爱华的帮助："她吃了药，很有效。抽脊髓报告和病历过些天再寄去，现把简单情况写给你，请你立刻到医生那里去，告诉他，还希望再给一个月的药。"（1957年1月22日）关于女儿的病情，靳以列了七条之多。几个月后，女儿的病情有所缓解，靳以又致信柯爱华："谢谢你对我女儿的关心，她早已能看书写字，现在由人扶着，已经可以慢慢走路了。等她完全好了的时候，我让她去拍照，送给你一张。"
（1957 年 5 月 14 日）

正值盛年的靳以有太多的事要做，有太多的稿子要编，有太多的文章要写。1959 年 1 月，他在给长春的朋友写信时说，他每天下午还到纺织厂，想写小说。他觉得生活真像大海一样，每天都在向前前行。但靳以的身体出现问题，夜晚头晕发作，治疗后没有完全复原。头晕好了，晚上又失眠，精神很差，信写少了，文章也少了。靳以在 1959 年 6 月告知刘白羽入党消息的信中附言中说："我最近心力衰竭一次，搞得上气不接下气，到医院急救，住了十天才出来。对我说，这是一次警钟。"已经听到警钟响声的靳以，似乎没有在意。靳以是在第三次心脏病发作后抢救无效去世的。第一次发病是 1959 年 6 月初，第二次发病是 10 月 24 日深夜，急救后自感恢复正常，原本预备 11 月 7 日出院，但 11 月 6 日零时再发病辞世。11 月 7 日，是我们熟悉的一个日子，苏联十月革命纪念日。据小东大姐说，靳以在病床上曾经按铃，但当时医院的很多医生和护士还在庆祝苏联十月革命的活动之中。洁思大姐编的《靳以年谱》中没有记载这一细节，关于靳以生病住院和辞世有两段文字。其一是："6 月初，在清早参加人民公社集体劳动时，终因劳累过度，十七岁就潜伏在体内的风湿性心脏病发作，致使第一次心力衰竭。被急送往华东医院抢救，住院十天。"出院后，靳以即忙于国庆十周年献礼丛书的通读工作。其二是："10 月 24 日深夜他又发病，吐血、心力衰竭，又送华东医院急救。"在这之前的 13 日、14 日心脏病发作，靳以曾经住进华东医院。11 月 6

日零时再发病，历时 16 分钟，抢救无效，与世长辞。在靳以去世的上一个月，人民文学出版社出版了他的散文集《幸福的日子》。也可以说，靳以是带着幸福离开人世的。在他去世的第二年 6 月，上海文艺出版社出版了他的遗作《热情的赞歌》。这两本集子的名称，或许是靳以在 50 年代生活和创作特征的一种揭示。

在靳以辞世六十年后，《靳以日记书信集》出版，无疑是对靳以的缅怀，也是对靳以 110 周年诞辰的纪念。2018 年 12 月，章洁思在为《靳以日记书信集》写序时说，昨天晚上她做梦，梦见巴金先生对她说："明年是你爸爸诞辰 110 周年，你有什么打算?"我想，如果章洁思大姐再次梦见巴金先生，她一定会告诉巴金先生，《靳以日记书信集》出版了。

人琴之感

在台下聆听和张望

一

　　1981年3月，苏州作家陆文夫到北京政协礼堂参加全国优秀短篇小说颁奖典礼时，我正在苏北的乡下等待高考预考的成绩通知单。这一年，陆文夫的小说《小贩世家》获奖。几个月以后，我带着一只新油漆的木箱和一床新被褥，辗转到县城，挤上长途汽车到苏州念大学。在车子颠簸到苏州城北时，我看到了远处斜着的虎丘塔。当时我对苏州文化的了解，仅止于园林、刺绣、评弹和唐伯虎等常识，因为爱读小说，知道这座城市现在有个写小说的陆文夫，以前有个叫周瘦鹃的"鸳鸯蝴蝶派"。

　　苏州给我最初的印象破败而狭小。这座城市如同几个拼在一起的小城镇，砖瓦、小桥甚至连流水都是旧的。它曾经繁华，因为有过经久的繁华，城市给人的观感有不少衰败杂乱的痕迹。但这毕竟是繁华后的衰败，和我经历的一贫如洗的荒凉不同，而且，这座城市起死回生的气象已初显端倪。课余假日,我和同学出了学校门,通常从小巷子穿过,踏着青苔,绕过断垣残壁,收音机里出来的琵琶声与行人若即若离。苏州烟水缥缈,朦胧而宁静,但也失之沉闷和冷清,评弹的旋律增加了这座城市的动感。我读书的大学,有多处欧美风格的建筑,大学围墙之外的小街道上也零星散落着几座旧教堂及洋房,这些建筑和苏州一贯的粉墙黛瓦极不协调。但不管怎样,我呼吸到的是旧文化而不是新文化的气息。

我曾经一度对我所在的大学和城市感到失望。正在蓬勃发展的苏南乡镇企业已经改变了这个城市的面貌,也在改变大学与社会的关系。但我们远离了在那些大城市蔓延的文学热和文化热,我在安静的校园、散淡的小城里体验着处在文化边缘的压抑与失落。这里没有交响乐,没有画展,没有话剧,也没有沙龙,一切都比别的地方慢了半拍甚至一拍。我们只是从报纸、杂志、广播和在周末看到的电视里,感受着外面的气息。比邻的上海和遥远的北京,则是完全不同的面貌。在北京、上海和南京等地读书的同学,不时兴奋地传递他们又看了什么演出、画展,听了谁到学校讲演的消息。而最令我神往的是,在北京、上海读书的同学,能够随时买到新书,经常听到作家讲演。买张火车票到上海的南京路新华书店淘书,对我们学生来说是奢侈的,更不必说去看演出画展,听作家讲演。在一次系科召开的新生座谈会上,我提出是否可以邀请一些作家到我们学校讲演,如果远处的不行,能否邀请苏州的陆文夫老师和我们同学见见面。其他同学随即附议。主持会议的老师说,请陆文夫老师可以想想办法,外地的作家等他们路过苏州的时候再找机会。这样一个承诺让我和同学们兴奋地期待着。

　　就像在乡下等待电影放映一样，我等待着路过的作家，等待在不远处的陆文夫从小巷深处走出。

　　我们首先见到的是剧作家陈白尘先生。1982年5月29日上午，我们停课到学校大礼堂听陈先生做学术报告《戏剧漫谈》。那时还不流行讲演一词，海报和主持人都把此类讲演称为"学术报告"。陈白尘先生当时的身份是中国戏剧家协会副主席、江苏省文联名誉主席、南京大学中文系教授，这是我见到的第一个现代文学史的作家。陈先生从后台入场的方式很特别，他先是挥手，然后双手作揖走到台前，在持续的掌声中入座。陈先生是那种一讲话就能够给人震撼的作家，他的从容、大度和无拘无束都是我后来很少见到的。陈先生开场白云："我不怕讲错话，我也不怕有人给中央写信。"他好像还说，有人写信了，但王震同志肯定我。他尚未进入主题，我们在下面就开始死劲鼓掌，会场气氛异常活跃。

　　在两个多小时的讲演中，陈白尘先生介绍了雾都重庆的剧运，又点评了新时期的戏剧创作情况，举重若轻，幽默风趣，不愧是一代讽刺剧作大家。当时的校刊新闻说："他在谈到近年来的戏剧创作时，满腔热情地歌颂了党正确领导下的社会主义剧坛出现的百花齐放的局面；同时，又严肃批评了文艺界一度出现的资产阶级自由化倾向，以及文艺领域里的其他一些不正常现象。"陈白尘是在二十多年前讲演的，他怎样歌颂又如何批评，我完全记不清楚了，记忆犹新的是他的气度与开场白。

　　20世纪80年代初很少人有照相机，我也就毫无可能站在陈白尘先生边上合影了。我对陈先生的敬重，还源于我对他的散文集

《云梦断忆》的喜爱。我在后来的《中国当代散文史》和《询问美文》的写作中，都把这本书作为自己研究和论述的对象。陈白尘先生"文化大革命"期间曾在湖北咸宁的向阳湖干校放鸭，散文集《云梦断忆》记叙的就是他在向阳湖的生活。许多年以后，2003年4月，我特地去向阳湖考察，还特地去了陈白尘先生在干校的旧居。12日上午，我先到原文化部干校总部，现在的向阳湖奶牛场。这地方设有"干校"生活展室，照片、实物均有。冯雪峰和郭小川的故居都在总部。随后去《人民文学》、商务印书馆所在连队的住址。十里长堤，在雨中一片泥泞，这就是当年的"五七"大道，到"红旗桥"时雨更大，这座桥是当年"五七战士"自己所造。上工时，战士们举着红旗从这里过去。陈白尘先生所属的13连在一个村子里。一进村，无数的狗在叫。墙上有《不期回报》的歌词。我找到陈白尘、绿原、李季的故居，商务印书馆的集体宿舍、食堂、阅览室等，都是红砖瓦房。陈的故居已有乡亲居住，屋里一群自由自在的鸡和鸭子。我在屋檐拍了张照片，雨水顺着屋檐直下。我后来在一篇短文中写道："大雨，返回。我听到了鸭子的叫声。这不是错觉，三五成群的鸭子，在田边，在湖中。看不到放鸭的人。当年那个在这里放鸭的剧作家陈白尘已经故去，这些鸭子大概也有些是他放养的鸭子的后代。"

我们现在已经无法简单地用"伤痕"来形容陈白尘那一代知识分子的思想历程，而新时期文学却是从写"伤痕"开始的。说来也是凑巧，我大学毕业留校以后见到的第一个讲演作家是刘心武先生。在钟楼的外语系阶梯教室，刘心武做了《关于我国当代小说创作及其在国际文坛的影响》的讲演。会议是当代文学教研室的卜仲康教授主持的。我印象中，刘心武先生穿夹克衫，讲演时的风度如同我们在后来的《百家讲坛》上见到的一样。来听报告的人很多，连过道都挤满了人。刘心武刚从德国、法国等访问回来，他的报告自然结合了域外的见闻与观感。在写这篇文章时，我在自己工作的笔记本中找到了当时听报告的记录。刘心武说："中国是文明古国、礼仪之邦，有引以为自豪的灿烂的民族文化和优良传统。但是，就小说创作，特别是当代小说创作所达到的艺术境界而言，我们同世界先进水平相比还有着一定的距离，被国外翻译介绍的作品不多，在当代国际文坛的影响还不是很大。"刘心武说："世界是纷繁复杂的，社会生活是丰富多彩的，我们绝不能自以为是，凭主观想象来臆测世界上的万事万物，必须正视世界，正视生活，正视自己，冷静观察，深入思考。我们的作家必须珍惜今天的大好形势，为丰富人们的精神生活，为祖国的社会主义精神文明建设，努力创作一些无愧于时代的文学作品来。"我现在能够记得的梗概就这些了。

这是 1985 年 11 月 1 日，苏州的秋日和往年一样美丽。而这一年，中国的文坛则是天翻地覆，后来我们知道，这一年，中国的小说"革命"了。

二

从我们学校的大门出去，是一条叫十梓街的路，顺着这条路走五六分钟的样子就靠近了陆文夫的住所。临近马路的苏州沧浪区实验小学南面，有一处在苏州已经算是很高的楼群，那里面有一套房子，住着陆文夫一家。——这个方位是一个熟悉陆文夫的老师告诉我们的。我们当然不可能贸然造访，倒希望有一天在马路上走的时候能邂逅散步中的陆文夫。我们见过他的照片，如果遇见，一定会认出他来。但这样的想法总是落空。

终于有一天，我爬上了去陆文夫家的楼梯。1983 年暑期开学后，我送一篇习作给我的老师范培松教授，请他指正。范老师说："我们一起去看陆文夫吧。"我小心翼翼地跟在范老师的后面，敲开了陆文夫家的门。我当时非常慌张，在范老师和陆文夫交谈时，我站在客厅里东张西望，有两顶书橱，但书很少，桌上放着一盒香烟，是"琥珀"牌，这是当时很普通的香烟，我们同学偷偷地抽烟，常常是到后校门的小卖部买这种"琥珀"牌香烟。我大概除了叫一声"陆老师"外，没有说第二句话。等过了几年熟悉他之后，他因为患肺气肿已戒烟，而"琥珀"这个牌子也消失多年了。

三

1984 年 3 月，"陆文夫作品讨论会"在苏州召开。

我以为会见到高晓声，但他没有与会。会议开始的时候，有人读了高晓声的书面发言《与朋友交》，这篇发言后来发表在 1985 年的《雨花》上。在后来的日子里，我和陆文夫越来越熟悉，但只在台下看见过高晓声先生一次。前年有朋友编辑出版高晓声小说选，提出用拙作充当序言，我自知文章浅陋，但还是答应了，只是想以此表达二十多年前一个学生在台下听高晓声先生讲课的崇敬之心。高晓声是 1999 年 7 月去世的，同年第 5 期的《收获》便发表了陆文夫的《又送高晓声》。我在读《又送高晓声》时，想起了高晓声的《与朋友交》，想到了他们这一代作家的人生、友情和境界。陆文夫说他和高晓声从相识到永别算起来是四十二年零一个月，而他见到高晓声的那一天就是发起《探求者》的那一天，1957年6月6日在叶至诚的家里。1957年以后的中国，把太多的磨难给了陆文夫这一代作家，此后"探求者"各奔东西。我无法想象高晓声、方之和叶至诚在"文化大革命"后再次相遇的情景，但在1984年3月2日，当陆文夫、叶至诚和因为"探求者"案而受牵连的艾煊等几位一同出现在学校大礼堂的台上时，我坐在台下，已经体味到云起云落的历史况味。

高晓声出现在我们学校的大礼堂是1985年11月4日至7日的某一天晚上。在"艾煊作品学术讨论会"召开的空隙，高晓声和陆文夫联袂出现在学校大礼堂的台上。

在1980年优秀短篇小说的榜上，高晓声《陈奂生上城》名列前茅。因为"陈奂生系列"，高晓声在当代文学史上的地位，几乎是在他还不断写着陈奂生时就确定下来的。当时高晓声的声望如日中天，很少有人能够企及。那天高晓声先生穿着毛线衣，罩一件外套。我在台下看高晓声，感觉他就像我们村子里的一位长辈，有一种亲切感。批评家吴亮曾在他的一篇文章中说，不管高晓声今后的小说将产生何种变异，他的裤腿上将永远有着使人难忘的乡下佬的泥巴。——高晓声给我的印象便是如此。高晓声的普通话带有比较重的常州武进口音，声音比陆文夫洪亮许多。他在讲话中说到了身上穿的头绳衣，这句话我印象特别深，因为我们的方言中也有"头绳衣"这样的说法。高晓声显然是会讲话的那类作家，很沉着，热情但不洋溢，透着轻松和幽默的气息，如果记录成文，应该是《陈奂生上城》那种叙述口吻。一个人讲话的腔调是会影响文字的。在我今天的记忆中，已经忘了他当年讲话的具体内容，但他的神态、语气和简洁的动作始终挥之不去。高晓声讲完，轮到陆文夫。在听众已经被高晓声逗笑以后，陆文夫的讲话仍然不时赢得掌声。他给我印象最深的一句话是"主题可以先行"并做了自己的解释。如果说高晓声是明亮的幽默，那么陆文夫则是冷峻的幽默，他们俩的小说其实也是这样不同的风格。讲演结束后，我听范伯群教授和范培松教授议论，说原来担心老陆讲不好，高晓声太会讲了，但这次老陆讲得不错。

四

参加"艾煊作品学术讨论会"的张弦再一次出现在他1984年3月2日讲演的礼堂。

张弦《被爱情遗忘的角落》也是1980年的获奖优秀短篇小说，这样算起来，张弦和高晓声、陆文夫是"同科状元"。1984年的讲演，是几个作家合在一起的，每个人的讲话都不长。80年代初苏州的街道、宾馆、礼堂还不像现在这样亮堂，印象中他瘦，而且黑，头发留得比一般人要长。当时我们都不能留长发，留了长发的同学在去中学实习之前照例都要剪去。坐在礼堂前排的同学回到宿舍还有人议论张先生留长发的风度。张弦先生的声音深沉，特别有磁性，语速、节奏轻重缓急有度。我工作之后一次在南京听人闲聊，说到张先生的声音，在场也有人说张先生的声音富有磁性，而且特别容易打动女性。我们这样议论张先生的时候，他已谢世。

　　一年半之后的第二次讲演，张弦发挥充分，台下的学生提问不少。讲演结束后，我随车送他回招待所。在路上，我问："张老师，您觉得我们同学提问的水平如何？"张弦顿了一下回答我："感觉一般，没有想的那么好。"我随即说："时间太紧了，有些同学来不及提问。"

　　即使在二十多年以后，我仍然清晰地记得我和张弦在车上的简短交谈。他的回答，对我的自信心和自尊心是个很大的打击，我随即补上的那句潜台词很明显的话：提问的未必代表我们同学的水平，没有提问的同学中也有水平好的。当时已是晚上九点多，从十梓街往道前街的路上已经空空荡荡，商店关门了，行人稀少，我觉得自己也空空荡荡。

　　那时，我们不可能知道也无法理解《被爱情遗忘的角落》获奖背后的争议。2006年冬天，我因做"新时期文学口述史"，去访问崔道怡先生，他借给我一本他的大著《方苹果》。书中有《小说评奖琐忆》，记录了1981年评选1980年优秀短篇小说奖的讨论。我读后方知《被爱情遗忘的角落》是争议最多的作品。主持会议的张光年提名了这篇小说，说自己"看了两遍，开始很感动，认为它写得相当有深度"。"两个月后重看，又觉得作者写的是角落的角落，没有接受一点新生活的光照，取材太从稀少事物着眼了。"冯牧的评价也是"一分为二"："《被爱情遗忘的角落》写得深刻，有点儿近似《祝福》，但有一点格调不高，迎合社会上的小市民趣味。"所谓"格调不高"主要指的是小说的性描写，比如草明说："《被爱情遗忘的角落》强调生理本能，表现性欲冲动，会在青年人中起不好的作用。"唐弢则说："《被爱情遗忘的角落》意图好，但效果不好，社会效果与其艺术意图正好相反。我们应该把裸体与黄色分开，不足为训。"反对这种批评意见的王蒙说："我认为《被爱情遗忘的角落》不是黄色，完全不牵涉到性不可能。"袁鹰肯定这篇小说"写几千年封建的压迫，写清了，写得深，是物质的贫乏，精神的荒芜。作者并没有迎合低级趣味，如果去掉，也成禁区，连这一点都不成了吗？"孔罗荪说："《被爱情遗忘的角落》我看了两遍，没有感到动物性的东西，艺术上也是好的。"见仁见智的都是中国文坛的风云人物。

这些都已经是旧话。但 80 年代文学的成长历史及其复杂性，却在这些争论中呈现出来。崔道怡先生出版这本著作时，张弦也已经成为古人。如果当年就获知争议的内容，以我读大学时的性格，一定会冒失地问张弦先生："您怎样看待这些争议？"

五

陆文夫在我们学校出现最多的时间，就是在他的作品讨论会召开期间的 1984 年 3 月。在有了《美食家》这样的作品之后，陆文夫已成为新时期最优秀的小说家之一。在讨论会召开期间，陆文夫两次到学校讲演和座谈。他在讨论会上有一发言《却顾所来径》，回顾自己的创作，这篇文稿可以在他的文集中找到。

在学校讲演时，陆文夫说了三点"秘诀"，回答了一个问题。三点"秘诀"是：一要看得清，二要想得清，三要能写出来。回答的问题是为什么尽写"小人物"。陆文夫说："有人说我写的'市民文学'，不算什么重大题材；也有人问我为什么在小说中尽写那些'小人物'呢？这只是因为我长期生活在苏州，平时接触的人大多是'小人物'，我了解他们，熟悉他们，这是其一；其二是写历史的人总是把少数'不平凡的人'写进历史，众多的'平凡的人'就只有作为作家的我来写进小说中去了。"从早年的《小巷深处》到《小贩世家》再到《美食家》，陆文夫大致写小巷写小人物，因此被称为"小巷文学"。当年如果有"底层文学"这一说法，估计他可能被推为"底层文学"的代表性作家了。

在1984年3月的讨论会上，艾煊先生说，他看了陆文夫的《美食家》一夜未眠，他给陆文夫写了一封信，说当年韦应物被称为"韦苏州"，你可以称为"陆苏州"了。在《美食家》发表后，陆文夫的名字和苏州，也和"美食家"的名号连在一起，有不少熟悉陆文夫的人写过他和美食的话题。80年代中后期，开始流行给企业写报告文学，饭局也多起来。一次在得月楼用餐，我和陆文夫同桌。席间，饭店的经理出来敬酒，把掌勺的厨师也叫了出来。这两位站在陆文夫的身边，经理指着一道菜问："这道菜做得怎样？"桌上的人都放下筷子，只见陆文夫从容地夹菜到嘴中，过了片刻说："好。"大家这才松了口气，跟在后面说："好、好。"经理微笑，厨师鞠躬。

六

学校的大礼堂不断翻新，各色人等从这个台上走过，如演出一般。我也从台下到台上，从台上到台下，有时还恍惚在台下看台上讲演的作家们，我对文学世界的张望还留在那个不大不小的台上。2001年和林建法先生主持"小说家讲坛"时，也曾想过请陆文夫再返学校讲演。我每次陪来校讲演的作家去拜访陆文夫，看见他的身体状况如此之差，就不好再开口。

2005年6月，陆文夫病重时我曾去医院探视。他侧卧在病床上，好像睡着了。我和管阿姨轻声说了几句话，陆先生可能感觉到有人来，睁开一只眼睛看我，很快闭目，又无力地摇头。过了两周我再去看他时，照料的人说陆先生脱离危险了。

我离开医院时想，我们或许还有长谈的机会。2004年春天，北京的李辉兄约我为陆文夫编一本图文并茂的画传，收入他主编的"大象人物聚焦"书系中。我想了一些问题，到先生府上请益。我问他用了宗福先推荐的药效果如何，他觉得很好。那天我们谈了整整一个下午。这次谈话改变了我对当代文学史上一些人和事的看法，在条件允许时，我想发表根据录音整理出来的谈话录。我迟迟没有写好这本书，一是陆文夫的照片很少，有待收集；二是被"聚焦"的人物多数是作古的文化名人，我想到曾经动员莫言配合出一本，莫言说："不行，要折杀我。"我不想"折杀"陆先生。我和李辉的计划是2005年上半年出版陆先生的这本画传，只是陆先生一过上半年就走了，这本画传最终未能写成。

在南京开追思会，我们向陆文夫遗像默哀后一坐下，遗像便从白色幕布上落下。陆文夫先生真的走了。在我们学校讲演过的陈白尘、高晓声、张弦、艾煊、叶至诚都走了。

我说到的这些讲座几乎都是在1985年之前。而这个时间段正是中国文学走在社会前列的最好时期。我们后来对于80年代的记忆在很大程度上是对这个阶段的确认。那时，我坐在台下，并无什么思考，更多的是沉湎在对作家的崇拜和对文学的迷恋之中。而把自己与文学事业联系在一起，是当年无数大学生的选择，我觉得自己就是在听作家讲座的过程中完成了一个文学青年的塑造。作家的讲课和老师的讲课不同，前者洒脱，后者严谨；前者感性，后者理性。尤其让我们这些学生兴奋的是，老师课堂上提到的那些作家，现在就坐在我们的面前。文学不在课本上，在我们的生活中。对学生来说，总是既想吃鸡蛋，又想看下蛋的母鸡。

现在想来，当时我和同学就是把这些作家当作80年代文学的。可是，就在刘心武讲座的1985年，我们读到了和我们听讲座时不一样的文学，这才知道了文学原来是多元的。给我们讲座的这些作家，差不多都是以现实主义创作为主的。其中的高晓声，在"陈奂生系列"之外，还写过许多可以称为现代主义的小说，但因为他的农村小说影响太大，这类被他自己看重、在今天读来也觉得重要的作品就被忽略了。直到前几年，读作家叶兆言《郴江幸自绕郴山》，我才知道了高晓声由此产生的落寞。

几年前，一位上海的"70后"女作家写了一部轰动一时的作品，我问陆文夫如何看待，他告诉我说，这是垃圾，在国外这样的垃圾不稀奇。又谈到我们省内的一位作家，陆老师说，那纯粹是瞎写。以文学的方式为这个时代留下自己的肖像，这或许是一个深藏于陆文夫、高晓声那一代作家，也活跃在我们内心的"宏大叙事"，尽管我或者我们未必愿意这样表达，但事实上无论用何种方式写作，写作者总处在与时代的关系之中。但如何看待和表现这个时代，几代作家是很有差别的。当年读陆文夫《围墙》时，对改革的前景是那样向往。我想，无论是陆文夫还是高晓声，对后来的改革时代一定充满困惑。我和陆老师的那次长谈，就感觉到他的困惑和惆怅以及对当下的无能为力。

追溯知识分子进入 20 世纪 80 年代时的状态，我们不能不对那时的自信与单纯生出感慨。诗人徐迟在 1980 年第一期的《诗刊》上发表诗作《八十年代》，他歌吟道："我们将脱下旧衣裳，换新装对镜重梳妆。"如诗人所言，"我们"以及"我们"的"中国"都以新的"装扮"进入了被称为"新时期"的时空中。"当窗理云鬓，对镜贴花黄"，知识分子如"木兰"一般。但是，这样一个状态在 80 年代尚未终结时便分崩离析，"我们"以及"我们"面对的"镜子"都已支离破碎。那位最早在诗中"对镜重梳妆"的杰出诗人徐迟，也在 1996 年跳楼自杀身亡。

我现在也常常在讲台前高谈阔论，但我觉得自己心里的底色和当年坐在台下时不同了。

江南诗人余光中

　　我久违余光中先生的教诲。这个世纪初在写作《诗意尽在乡愁中》一书的前后，我和余光中先生有比较多的联系。后来，余先生在中国大陆的影响越来越大，《乡愁》也成为整个中国的"乡愁"了。2002年，余先生应我邀请来苏州讲学访问之前，北京的李辉先生和我联系，告知我吉林电视台《回家》栏目想拍一个余先生回家的纪录片。我征得余先生的同意后，让摄制组跟随余先生的行程。我因忙碌，未能陪同。栏目组给我寄来了光碟，我也在网上看到了余先生在东山、寒山寺、枫桥和水巷的照片。这一晃，差不多十五年过去了，海峡两岸的中国人乡愁依旧。

　　余光中先生一直自称"江南人"。先生生于南京，母亲孙秀君是江苏武进人，时常带着他回武进漕桥舅家。在余先生的记忆中，童年是舅舅手上的风筝，是垂柳的江南，是表妹很多的江南。他在后来的创作中，关于江南的文字常常都是美丽的。舅家的表姐妹们都特别喜欢余光中，他对她们也有很深的印象。长辈们对余光中说：将来就跟哪个表妹成亲吧。江南的苏州，在余先生笔下则是逃难之地。"南京大屠杀"的前夕，余光中随母亲到了常州，他躲过了大劫，但开始了逃难。这个九岁的男孩已经咽下国破的苦涩，尝到了"亡国奴"的滋味。他记忆的是沦陷区的岁月，抗战的岁月，仓皇南奔的岁月。余先生后来在散文中回忆当年逃难的经历："在太阳旗的阴影下咳嗽的孩子，咳嗽，而且营养不良。南京大屠城的日子，樱花武士的军刀，把诗的江南、词的江南砍成血腥的屠场。记忆里，他的幼年很少玩具。只记得随母亲逃亡，在高淳被日军的先遣部队追上。佛寺大殿的香案下，母子相倚无寐，枪声和哭声中，捱过最长的一夜和一个上午，直到殿前，太阳徽的骑兵队从古刹中挥旗前进。到现在他仍清晰记得，火光中，凹凸分明，阴影森森，庄严中透出狞怒的佛像。火光抖动，每次都牵动眉间和鼻沟的黑影，于是他的下颚向母亲臂间陷得更深。其后几个月，一直和占领军捉迷藏，回溯来时的路，向上海，记不清走过多少阡陌，越过多少公路，只记得太湖里沉过船，在苏州发高烧，劫后和桥的街上，踩满地的瓦砾，死尸，和死寂得狗都不叫的月光。"

　　我在苏州第一次见到余光中先生是 1994 年 6 月。我的老师范培松先生主持召开"华文散文国际研讨会"，我协助做具体的会务工作，因此有机会和与会的余先生接触。那时，他的《乡愁》早已经成为整个中国的乡愁了。他的风采和他的文采一样征服着我以及与会的其他代表。记不清在会议的什么场合，是张晓风女士还是郑明娳女士说："余先生是位圣人。"陪余先生时，我有些惶恐、紧张，所以和他合影时拘谨得很。与会的代表都住在学校里的东吴学术中心，在学校用餐。来自香港的散文家梁锡华先生跟我说："青菜太油了，能不能不放油。"余先生也在餐桌上附议。我去餐厅找经理，经理说："不放油的菜，厨师不会做。"

1996 年，我去位于沙田的香港中文大学中文系访学，曾经寻访过余先生在中文大学的足迹，试图感受一批学者当时在中文大学的情景。余先生在中文大学执教时，有一个十分活跃的学者作家群。我知道在大学这样一个教育体制内，相对有一个学者作家群，这种情形现在是越来越难得了。那次我遇到了散文家小思老师，她还亲自主持了我的演讲会。我对小思的散文印象不错，曾经想写篇评论，一直没有做成。我在演讲中谈到学者散文的局限时说，学者散文常常为学者的学识特别是才气所累，并列举了包括余先生在内的一些学者。现在想来，当时的话或许有些轻率。

其实，我对余光中先生并无专门、深入的研究，只是偶有感想。1999 年，《当代作家评论》的主编林建法先生约我为"寻找大师"栏目写篇论余光中的文章，我还是答应了，倒不是有什么把握，而是觉得有机会表达一下自己对余光中先生的认识是件有意义的事。寒假中我很快写好，用传真把稿子发给了林先生。我文章的开头说："我们有理由认为，20 世纪下半叶的中国文学如果减去余光中显然要有所逊色，相对于余光中的创作而言，两岸三地关于余氏的批评文字虽然为数不少且有真知灼见，但多少显得单调与局促。这不仅是因为批评者（包括我自己）缺少与之对应的文化背景，而且还在于对余光中诗文所做的过多的技术分析拆碎了余氏诗文中的人气才情。因此，在每次阅读余光中之后，我既有言说的欲望，但又颇为踌躇。一个真正意义上的杰出作家他不可能不给批评者带来困扰，批评写作的空间几乎建立在对困扰的排除之上。"这段话大致成为我阅读余光中的视角，这篇论文也成为我后来写作《诗意尽在乡愁中》这本书的蓝本。

因为这篇论文，2000 年秋天，我和余先生在南京月牙公园关于他的研讨会上相遇。研讨会虽然只有半天时间，但主办者和与会者都是认真的。在南京会议不久，武汉的华中师范大学举办余光中和"沙田文学"的研讨会。我也受邀，因有杂务缠身，不克前往。我知道余先生也要参加这次会议，便向他表达不能与会的遗憾。我告诉余先生，2001 年 1 月我要到台湾东吴大学客座一学期。分别时，余先生说："我在台湾等你。"

台湾的大学到 3 月底通常要放春假，我考虑是否在这段时间去高雄中山大学访问余光中先生。放假前，东吴大学中文系主任许清云教授邀我经高雄去他的故乡澎湖观光，他正好到高雄有公干。虽然我怕给许教授带来不便，但想到在西子湾的余光中先生，想到歌中的澎湖湾，我还是接受了许教授的邀请。我从台北飞抵高雄后，即与在中山大学任讲座教授的余光中先生联系，余先生在电话中说第二天他开车来接我。这岂不折杀我也？我赶忙婉谢。翌日上午，余先生还是亲自开着车到中山大学的教师公寓接我去他的研究室。

余光中先生的研究室在中山大学文学院楼道的一端，余先生指点西子湾，吟诵他的诗句，我有了人在诗中的感觉，领略到上午的西子湾，想象着黄昏的西子湾。在余先生的研究室里，我向余先生请益，谈及诸多话题。余先生说："我一直讲'中国心'。

'中国心'要有历史感，要有汉魂唐魄。所以这么几十年对中国文化、中国人的感情依恋耿耿。我当时写《乡愁》，二十分钟就写好，没有想到日后有这样的影响。"在谈到大陆读者对他的热爱时，余先生颇有感慨："我发现，我回去好多次，一朗诵诗歌就很容易交流。像《乡愁》比较抒情。我另外一首诗《民歌》，大陆不少读者也熟悉。我先朗诵一遍，然后请同学和，我说，传说北方有一首民歌/只有黄河的肺活量能歌唱/从青海到黄海。同学应答，风/也听见。沙/也听见。气氛特别好。像这样的诗朗诵，我在台湾要看学校，看情形，碰到'台独'人士会对我反感，说我用'大中华'来压迫他们。在大陆的反响要热烈得多，我想这可能是民族情。"余先生所说的"唱和"情景，我后来在自己工作的学校亲身感受到了。余先生的《乡愁》早已经成为中国的乡愁了，但他并不悲观。2004年4月，余先生在华语文学奖的典礼上致辞说："在岛上写的文章总会传到中原。"

　　作为一个诗人和智者，余先生的幽默也是那么优雅。我问他用不用电脑，他说："太麻烦了。我写初稿都是想好了就写，写下去就定，差不多不要改了。都想清楚才写。所以我也没有什么要移来移去，我也不要修整了，没有这个压力，我高兴写就写。人家当然说在网上怎么怎么，我也听不进去。所以有个年轻诗人，他人很不错的，他说你怎么还不上网，所以我就说我还没有入网，我是一条漏网之鱼，我就写了一首诗，一首滑稽的诗来回答他。我现在还没有入网，因此我现在还是一尾快乐的漏网之鱼。"

　　分别时，在中山大学纪念品中心，余先生送我一只茶杯，上面印有西子湾黄昏夕照图和余先生《西湾黄昏》诗手迹。我把这只杯子带到澎湖，再带回台北，一路上小心翼翼，回到东吴大学住所，在整理行李时，还是不小心碰到了已经放在桌上的杯子，掉到地上，一分为六。茶杯碎了，诗句也散了。我再翻阅诗集，余光中先生这首诗的末四句是："即使防波堤伸得再长/也挽留不了满海的余光/更无法叫住孤独的货船/莫在这苍茫的时刻出港。"

2002 年 4 月 2 日，余先生和夫人应邀到了苏州。当时我已从学院到学校部门工作，余先生的落地费用是学校科研部门提供的。因为经费有限，我便安排他们住在学校所属的东吴饭店的 2 号楼，一个标准间。4 月的苏州，已经雨水很多，一楼的房间都已散发着霉气，床的靠背满是客人留下的油污。提着行李箱陪余先生入住，我知道这幢楼多年未装修，但如此状况实在出乎我预料。行李放下后，我们都没有说话，我一下子尴尬异常。余先生和夫人都没有说什么，我更觉得惭愧万分。我说你们稍等一下，我去总台。总台说，房间都是这样的。我临时给姑苏饭店电话，决定请余先生住到那里。我说："对不起，我们换家酒店。"余先生说："只要干净就行。"我至今后悔的是，没有及早在姑苏饭店预订一个套间。我们做了余光中先生讲演的海报，闻讯到饭店访问余先生的记者、学者和学生很多，只能安排余先生在大堂接待客人。

演讲之前，我们已经预计到听众会爆满，确定了能够容纳千余听众的"存菊堂"做会场。等到我陪余先生进入存菊堂时，发现会场被听众挤得水泄不通。我亲历的这种场景，在金庸、贾平凹两位先生讲演时也发生过。余先生在美国工作的女儿女婿也一同听讲演，他们看到这样的场景感慨万千，说知道了父亲的价值和影响。余先生讲演的题目是《诗与音乐》。以我的学识，觉得这是个很难讲的题目，但余先生融贯东西古今，深入浅出，或中文或英文地背诵著名诗篇。讲演要结束时，余先生说，他朗诵《民歌》，请大家应和。

余光中诵道：

> 传说北方有一首民歌
>
> 只有黄河的肺活量能歌唱
>
> 从青海到黄海

听众应道：

> 风　　也听见
>
> 沙　　也听见

余光中诵道：

> 如果黄河冻成了冰河
>
> 还有长江最最母性的鼻音
>
> 从高原到平原

听众应道：

> 鱼　　也听见
>
> 龙　　也听见

余光中诵道：

> 如果长江冻成了冰河
>
> 还有我，还有我的红海在呼啸
>
> 从早潮到晚潮

听众应道：

> 醒　　也听见
>
> 梦　　也听见

余光中诵道：

　　　　有一天我的血也结冰

　　　　还有你的血他的血在合唱

　　　　从 A 型到 O 型

听众应道：

　　　　哭　也听见

　　　　笑　也听见

　　清明的那天，余先生从苏州回武进扫墓，他说："一把怀古的黑伞，撑着清明寒雨霏霏。"

为何又是 "最后一个"

　　当我站在张充和先生身边，看她为一幅字落款盖章时，我有点时空恍惚的感觉。这位98岁老人曾经的种种传奇，落在宣纸上而成书画之美。张先生书桌上有几卷折叠好的字，其中一幅是完整的隶书《石门颂》，我爱不释手。先生见状，说："这是我练字写的。"我有点不好意思地说想要这幅字，先生便补了落款，盖章时说："我盖的章都有些歪，盖得正的就不是我的。"在场的孔海立、章小东夫妇都笑说是这样。

　　2009年初夏，孔海立教授讲学途经苏州，我们第一次见面，谈得最多的话题是他父辈那一代文人，耳熟能详的孔罗荪、巴金、靳以、萧军、萧红、端木蕻良、骆宾基等。说到筹备靳以先生百年诞辰活动，我这才知道海立夫人章小东是靳以先生的女公子，因此便说到小东的"苏州姨妈"张充和先生，说到张家所在的苏州九如巷。张先生曾在北京、苏州两地举办过书画展，我错过了观赏的机会。在网上看过她的几幅字，觉得今人写不出来了。我问海立，能否求到张先生的字，海立说没有问题。我想请张先生写"三槐堂"，季进想请先生写"苏州大学海外汉学研究中心"。海立爽快答应了，我和季进喜出望外。10 月，海立夫妇回国，把这两幅字带到了苏州。张先生很少写大字，这两幅字是做匾额用的，写小了不合适。这一年张先生 97 岁，两幅字古朴，力透纸背。小东说，写好这两幅字时，耶鲁大学的孙康宜教授正巧到张家，见了张先生的题字，赶紧拍了照，收在新近出版的《古色今香——张充和题字选集》中。

　　"合肥四姐妹"，是这些年来一个雅俗共赏的人物话题。三姐妹走了，张充和先生还在写字唱昆曲。有人说张先生是"民国最后一个才女"，此话大致不错。这些年我们常常用"最后一个"这样的措辞来形容人文学科大师的不再，这是一个压迫着我们无法喘息的问题。自然科学之外，人文学科的大师，少数像钱锺书先生这样贯通中西，多数都与"国学"有关。晚清以降，中国文化传统断裂，缝隙越来越大。"五四"新文化运动以后，中国文化开始现代转型，但那仍然是一个有文化传统做底子的时代，即使是那些"五四人"如胡适如鲁迅，其骨子里流淌的还是中国文化的血脉。新时代，仍然有旧传统，仍然有旧文人。但这样一个状况在 20 世纪 40 年代以后便逐渐消失了。只以学问论，似乎一代不如一代了。我曾经听小说家叶兆言说，他父亲比较过几代知识分子的学问，说 30 年代的觉得 20 年代的学问好，40 年代的觉得 30 年代的好，50 年代的觉得 40 年代的好。这是个"等差级数"。但是，学问只是一项指标，学问之外，还有性灵、人格、胸襟、趣味等。这些要素，都逐渐地在当代中国人身上退化了。我们似乎生活在一个气象万千的时代，实际上我们的生长背景是如此残缺。张充和先生这一代或者前后一代，可以不做知识分子，但可以做文人。其中的佼佼者，既做知识分子也做文人，这自然是少数。做知识分子要骨气，做文人要底气。我们现在的问题是，既做不了文人，也做不好知识分子，不伦不类的人越来越多。这就是我们今天的状态，张充和先生才因此成为"最后一个"。张先生的荣光，是在文化衰败的背景上发出的。诗书画和昆曲，在张充和先生那里不是技艺，是文化，是艺术，是精神，是一种人生方式，是一种文化传统的延续。无疑，张充和先生并不是一个时代的代表，但她传承了我们正在消失的文化和一种生存方式，至少再次提醒我们缺少什么。

当年张充和先生以数学零分国文满分考取北京大学国文系，这是我们熟悉的故事。这个故事有两个要点：张充和有专业"特长"，胡适先生等不拘一格。这次和张先生闲话时，她又说到这个故事。她到了北大以后，见到胡适，胡先生说："你的数学不好，要补补。"她紧张地去了教务处，问如何补数学。教务处答曰："胡先生胡说。你已经考进来了，不需要补数学。"她笑着对我说，如果要补数学，她就不上大学了。张充和先生小时候受的旧式教育，做对子、写诗，没有学数学。此事，在今天也颇有意思。中国高考，也给有"特长"的考生加分，本意算不拘一格降人才。但许多考生，原本没有特长，为了高考，便故意去发展特长。当年张充和，并不是因为学不好数学才去发展"国文"这一"特长"的。今天的高考乱象之一，就是本末倒置。这些年报考艺术类的特别多，原因就在于艺术类的文化成绩可以降低。一大批没有艺术特长，文化成绩也有缺陷的学生便去报考艺术类。我一直觉得这是一件奇怪的事情，没有文化，如何艺术？

教育功利化了，"特长"也成为一种工具。如此，"修养"这个关键词也就从教育的词典上消失。张充和先生到美国后，长期在大学讲授中国书法、昆曲。美国的一些大学还开设了这类课程。大学课程设置，有专业和非专业门类之分，非专业的应该多为通识类课程，人文精神的培养当依赖通识课程。而多年来，非专业课程的设置也一直意识形态化或者工具化。大学人文精神的缺失与此不无关系。我所在的学校，曾经招收过一届昆曲本科专业学生，用社会资源办学，最终悲壮地结束。关于人文教育，我们一直缺少大的观念和制度的支撑，所以，一些教育理想也只能是纸上谈兵。汉字的魅力不必多说，如果不书写，我们能否体会和传承汉字之美？这也是今天教育的危机之一。且不说理工科教学，在有关规定和检查制度中，中文系的教学都竭力要求使用PPT，虽然有所方便，但工具的现代化并不等同于教育的价值。大学教学中，板书这个环节逐渐消失了，连中文系的师生都不再写字而是打字，而是使用PPT，汉字的命运会如何？如果有这么一天，只要会写字就是书法家，中国文化会是什么样的面貌？

张充和先生的传奇故事，还与她的人生经历有关。在她的故事中，有胡适、张大千、沈尹默、章士钊、沈从文、卞之琳等师友。说到其中任何一个人的名字，都会令我们肃然起敬。沈从文先生是张充和先生三姐夫，到美国访问时就住在张家的楼上。张先生说，沈从文在楼上写了许多字。然后便翻出一本杭州西泠印社出版的册子，告诉我这是沈从文先生的字。她又说到自己的书法老师沈尹默先生。我在海立、小东的美国寓所见到一幅沈尹默先生为靳以先生写的小楷长卷，觉得张先生的小字受她老师的影响。张先生兴致勃勃地说起两位沈先生的书法，她说很有趣，沈尹默先生写了一辈子的书法，但不练书法的沈从文先生的书法价格都赶上沈尹默先生了。我问两人的差别在哪里。她说她老师的书法当然好，但缺少变化，沈从文先生大胆、有生气。张充和先生住加州时，胡适先生常常到他们家读书写字。说到一些细节时，张先生会情不自禁地笑出来。张先生是一个有自己的文化圈的文人，一个有成就的人常常都是这样。他们那一代人，各有自己的文化圈子。这正是一种健康的文化生态，我觉得张充和先生至今仍然生活在她那个文化圈中。靳以先生百年诞辰，是上海鲁迅博物馆主办的，小东也想请张充和先生为博物馆题字，先生说："我和鲁迅先生没有关系，就不写吧。"张先生这句话让人沉思良久。

在谈到张充和先生时，大家有兴趣的话题是她的婚恋。当年叶圣陶先生说，谁娶了张家的姐妹，都会幸福。想娶张充和的人大概不少，现在被说到的是诗人卞之琳先生的苦恋，但大家往往忽略其他。张充和先生的夫婿傅汉思先生是著名汉学家，我不知道他们生活的详情，但肯定是幸福伴侣。傅汉思先生病危的几个月，搬到楼下住，张先生在楼下照顾了六个月，当年张先生已经九十多岁，这就是"老伴"。楼下茶几上的一本书，夹了一张纸条，张先生翻开来给我看，是张先生和傅先生的合影。张先生说："汉思走了。"神情落寞惆怅。

张充和先生说，在苏州时她常常骑自行车去天赐庄。这个时间应该是在1930至1933年间，她从合肥回到苏州，再从苏州出发去北京。从九如巷出来，是五卅路南，左拐便是十梓街1号，那地方以前叫天赐庄，是东吴大学校园。我们问张先生是否想回苏州，再去天赐庄。她说想啊，心脏没有问题，但不知道能不能坐那么长时间飞机。她说她睡眠很好，但要分几个时间段休息，有时会在沙发上睡几个小时，醒来看书，再睡。她说她常常疑神疑鬼，晚上睡觉要开灯。过了一会，她又说"疑神疑鬼"。我们都笑了。我想，人到了这个境界，并不完全与现实有关。

无法再回的六月

"十分冷淡存知己，一曲微茫度此生。"如果依照张充和先生诗句所表达的心迹和境界，我们这些缅怀张先生的文字也许几乎是多余的。

2015年6月18日上午，剑梅从香港发来微信，告知张先生去世的消息，她为自己在美国多年错过见张先生的机会而遗憾。剑梅微信说："惊闻张充和先生去世，非常叹息，倒不是合肥四姐妹定格成历史，她们早就躲在历史的幕帘之下了。"我很赞成剑梅的这一看法，张充和先生与时代相处的方式，也许是她留给我们更为重要的遗产。即便在当下，我们这个时代也不乏"才女"和"闺秀"，但已经少有张先生她们的气息和气象了。这不只是对女性而言，称为文人的人都缺少一些什么素质。这可能是张先生去世后，许多人感慨系之的原因。

尽管张先生的生存方式不是我们的唯一选择，但她的选择作为一种参照，凸显了他们那一代和我们这一代的诸多差异，即便他们那一代也是千差万别，甚至千奇百怪。我们面对历史还是置身现实，都不免为外在的压力而生出无奈感，其实，无论哪个时代人都是无奈的，但这不意味着个人完全无法选择自己的道路。张先生那一代知识分子或者文人，遭遇到的磨难、困境之大，这是我们在纸上都能够读到和体会到的。他们选择了不同的方式，那一代还有萧红，还有张爱玲。一样的历史，不同的道路，但呈现了人生的多种可能性。——所以，我们需要反省自己，反省自己与时代相处的方式。

我生活的这座城市留下了张充和先生青年和老年的足迹。我曾经设想，有这么一天，我能陪先生坐三轮车从九如巷越过凤凰街，然后从十梓街步行到天赐庄，在以前的东吴大学、现在的苏州大学校园看看几十年变化的痕迹。20世纪30年代她常常骑自行车到天赐庄，如果再回苏州，肯定不能用这样的代步工具了。在已经变化了的苏州，坐三轮车或许还能够找到一些往昔的感觉。——我设想的这一情景，在2012年之前似乎都有可能。2010年6月16日，我随海立、小东夫妇访问张先生时，详细讨论了先生重返苏州的细节，相约在2011年的春天或者秋天，由小东陪同她从美国回来。张先生说，她的心脏没有问题，应该能坐飞机。那天午餐，小东夫妇选了他们以前去过的一家中餐厅。张先生喜欢吃一种鱼，这家店做得非常好。张先生想起她以前喜欢吃的老苏州的一种卤菜，问我现在的苏州有没有。我说有，在什么街的什么卤菜店有。她想了想，这条街在苏州什么位置。张先生是个热爱生活的人，那天她描了眉毛，涂了口红。在四姐妹中，张先生年轻时未必是最漂亮的，海立兄和我都感慨张先生是那种越老越美的女性。

在这之前，小东请张先生为我题写了"三槐堂"，为我的同事季进教授主持的中心题写了"苏州大学海外汉学研究中心"。我看到有几位研究书法的学者在谈张先生的书法时，提到了"三槐堂"书写的特别之处。从波士顿去费城参加亚洲年会时，我问海立和小东是否有机会去看张先生。5月，小东说已经跟充和姨妈联系了，我们一起去看她。6月，我再从波士顿到费城。从费城出发时，我说我不好意思再请张先生写字了。小东说，到了以后再看。张先生的书桌上，有一叠她临帖的字，我看了看，分别是《石门颂》和《张景碑》。张先生看我爱不释手，便说："你喜欢就送你。"我喜出望外，连说谢谢。张先生在《石门颂》的最后一页落款盖印，又在《张景碑》的几处加了印。方家对张先生的书法成就有诸多评论，我不敢妄言。我喜欢张先生的书法，是我在先生的笔墨中读到了传统，读到了已经散去但依然在纸背的历史烟云，读到了一位文人的胸襟、性情和人格。张先生不是我们今天意义上的职业书法家，职业书法家常常远离书法艺术的最高境界。张先生恢复了书法本来的意义。

　6月16日再回到费城时，我在小东、海立家的客厅，用了一个晚上和一个早上，在17日写完了一篇《为何又是"最后一个"》，记叙我们访问张先生的场景。没有想到，五年以后的6月17日成了张先生的忌日。我那篇文章在《读书》发表后，在北京的一次聚会上，有位初次见面的朋友问："我出十万元，你把《石门颂》转给我。"可见，喜欢张先生书法的人之多。以后如有合适的机会，我或许会把张先生临的《石门颂》捐出，书法艺术只是书法艺术，与市场没有什么关系。很多书法家都在高价卖字，字写多了卖多了，就不是书法了。

　　我在那篇拙作中，就教育、艺术、文人圈子等问题发了一些感慨。张先生在谈到我们熟悉的那些现代人物时，恬淡亲切平和，犹如她的书法。那些人物之间曾经的分歧、冲突甚至对立在张先生的谈话中都归于平静，张先生说到的那些人物，在现代史上属于不同的文化圈子。这是让我尤其感慨万千的。我们经历了太多的仇恨、冲突、怨愤，为何不能和而不同？

　　回国后，我便开始为张先生回苏州做些准备。2011 年初，我和小东大姐联系，她说充和姨妈身体不太好。后来我们又多次电话或邮件讨论张先生有无可能回苏州，小东大姐说看来不能成行了。去年暑假，小东大姐说充和姨妈状况不好，有时不太清晰，也不能写字了。我们都知道，张先生不可能再回到她的九如巷了。

台湾的鲁迅

　　我在台湾师范大学的西餐厅门口，见到了已经在那儿等我的陈映真先生和夫人，他们先我而到，我在不远处就认出了陈映真先生，虽然以前没有谋面，但我见过陈先生的照片，他的眉宇和神态即便是照片上的模样也让我难以忘却。以前读陈先生的文字，觉得他威严刚正，见面的第一感觉是这之外又有慈祥。他的声音浑厚，一回味就觉得声音里也有沧桑感。在服务生到之前，他就先问我，牛排吃几成熟的？这个细节至今让我感到温暖。我当时随便说了一下，等牛排上来时，才发现牛肉过老了，便使劲用刀。

　　印象中陈先生的住处至少在六楼之上。我跟在后面，感觉他步履的沉重。走了几层以后，我们便停下来喘气。到了住所门口时，陈先生已经有点气喘吁吁，我也似乎是上气不接下气。这间住所不大，按照我们这边的算法可能不到60平方米，也没有什么装修。我所看到的就是写字台、椅子等常用的家具，还有电话和传真机。我感觉这不是居所，而是一间工作室。我看到了一堆《人间》杂志。他告诉我，怎么艰难地办这份刊物，怎么深入底层社会，自然说到了"报导文学"，即我们这里通常所说的"报告文学"。他又在一堆杂志中找了几份非正式出版的资料，像语文课本那么大小的读物给我，也是讨论社会问题的，我印象深刻的有一组文章是讨论左翼和工人运动的。

以前零星读过陈映真先生的《将军族》《夜行货车》等小说，在访问他之前，我又集中看了几卷《陈映真作品集》，而且做了笔记以及提问的话题。我们许多话题是从文学展开，但因为陈先生在台湾的特殊经历，又总是离不开政治话题。陈先生说话从容，总是大处着眼，喜欢讨论大命题。这种感觉是我在台湾半年中少有的。当时去"中国化"的声浪已起，朋友聚会，除了特别熟悉的，一般不谈政治问题，也不涉及统独话题。陈先生的坦荡、良知、正义、忧患甚至是乌托邦情结让我震撼，我在他身上感受到一种我在大陆知识界也久违的思想素质。他对国民党专制统治、中苏论战及国际共产主义运动、"文化大革命"、台湾文学与新文学的关系、合作医疗制度、弱势群体问题等都直言不讳，而且颇有见地。说到当年乡土文学的论战时，陈先生也不掩饰他对一些著名人士的批评。说到当年在山上用半导体收音机偷听中苏论战的社论时，他的眼神显得特别。他知道我的博士论文是做"文化大革命"研究的，又说了他对"文化大革命"以及如何评价"文化大革命"的看法，有些看法我未必赞成，但他对中国革命和中国社会主义道路的思考之严肃，令人尊敬。在台北讨论这样的问题，我真有恍若隔世的感觉。陈先生对大陆改革开放以来的成就十分钦佩，但他担心的是，如何关怀弱势群体问题。他几乎是忧心忡忡地说起这个话题。我说了政府的一些做法，以及知识界的一些意见。他这才点点头，并且认为我是一个"左翼知识分子"。在见了他之后，我明白了为什么有人用"台湾的鲁迅"来形容他。

陈映真先生的中国情怀是众所周知的。1988年台湾成立"中国统一联盟"，他是首届主席。他回忆了他1989年末率领"中国统一联盟"访问北京的情景，说起江泽民总书记的接见以及交谈。

在见过陈先生不久，我随东吴大学的乒乓球队到台北县的莺歌镇参加比赛。陈先生就是这个镇上的人。莺歌镇盛产陶器，比赛结束后，我到小镇上闲逛，走在街上，甚至设想在这里和陈先生邂逅的情景。我后来虽然又多次去台北，来回匆匆，心里想见，但再也没有见过陈先生。我回学校后，给陈先生打过一次电话，想在"大象人物聚焦"书系中给他出版一本画传，他详细询问了书系的情况，说再考虑。过了几天，我收到他的传真，其中有一句话是："我没有什么成就，不值得作传。"

隔岸的怀念

　　我和沈谦先生诀别在秋天，也相识在秋日。他在为我的台湾版《询问美文》作序时，曾记叙我们的相识和交往。我们是喝同一条河的水长大的，沈先生童年鞋底上的泥巴，我少年时的裤管也沾过，我们是从同一条乡间小路走出自己的故乡的，只是换了时空。当我在苏州大学校园和这位父执辈的同乡邂逅时，我的普通话还带着乡音，他很快听出我和他同是江苏东台人。此后，戏说方言成为我们交往中的一大乐事。沈先生谈吐的幽默、机智与敏捷在我第一次见他时便有深切的感受。苏州的早茶中，有芸娘馄饨（出典于《浮生六记》），先油煎再水煮。沈先生见状后说："爱情是要经过水深火热煎熬的。"有时在一起吃饭，我们俩的胃口特别好，沈先生自我解嘲似的说："自古英雄皆饭桶。"沈先生不在场时，我亦堪称幽默者，一旦他在场我便觉得自己口拙，在旁分享他说话的乐趣。我们彼此熟悉无间后，也会臧否人物，他通常是入木三分，但从不出粗口，而且又怀宽容之心对待他不以为然的人与事。所以，我常常觉得沈先生既是现代知识分子，又是旧式夫子。

以我自己对文人类型的选择，特别钦佩学养与才情兼备者。学养可以积累，才情多为天赋，虽然也可养成，但有境界之别。我从未在沈先生面前说过这类常识性的话，因为我在心里是如此看待他，他是我所见的为数不多的学养与才情兼备的当代知识分子，他外在的风范与品格，是他长期积淀的学养与天赋才情的表现。我始终觉得在沈先生著作与论述的背后，有一个非同寻常的心灵世界，他所有的文字几乎带着自己的血脉之气，又连接着中国的文化传统。这样的方块字才不是冰冷的、模糊的。他的专长是修辞学，又由古典而治现代文学，可谓古今贯通。做现代研究的人通常会因无历史依傍而失之浅薄，做古代研究的人倘若游离当代又会少却生气，沈先生为了避免两者的局限，介入当代，但以古代做底子，学术上因此有鲜明的个人风格。这些年，他述多于著，虽然有古人之风，但我总是惋惜。有次我斗胆说了自己的想法，他说他知道，等杂事少了，要潜心写作。

但是，我知道他不可能完全放下他说的杂事，因为这些称为"杂事"的事，意义都比较重要。沈先生年轻时就担任中文系的系主任，一直怀有教育的理想。1999年秋天，我们在四川的九寨沟一同参加西南师范大学的学术活动时，曾经深谈过各自对教育、对大学的理解，我从他那儿获益匪浅。当时我已经理解他把很多精力放在教务活动与学生培养上的意义，所谓薪火相传，所谓传道授业解惑，在沈先生那里不仅是理想，而且是一种实践行为。大凡受过沈先生教诲的学生，大概都能感受到他们的老师那种海人不倦的品格，都会有刻骨铭心的记忆。以我在旁观察，沈先生为人师，既讲原则，又不拘泥于"师道尊严"，对学生的关心呵护随时可见，他和学生的关系是"多年师生成兄弟"的那一种。这是沈先生独特的人格魅力。

词分"豪放"与"婉约"，若以此看沈先生，他的风格大概在豪放与婉约之间，谈吐豪放，处事婉约。他待人的周到、细心与体贴，我亲身感受。我1999年第一次访问台湾，他怕我不会乘捷运，先教我如何买票，再教我怎样出站，后来又怕我转错车站，便陪我乘了一段路。我告诉他，我在北京、上海乘过地铁，他还是放心不下。我女儿喜欢收藏笔，沈先生知道后一直留心，无论我去台湾，还是他到大陆，每次都带一盒笔来，没有一次疏漏。11月沈先生访苏州时，我太太正巧在台湾访学。沈先生回去后，像对待家人一样为她的事情张罗。我太太回大陆前一天，沈先生又专门陪她参观台北中山纪念馆。临别时，沈先生又说了许多期许我的话，让她转告我。

沈先生走路步伐特快，如同小跑。2001年5月，我和他一起出席一个笔会，顺道去他府上，我怎么跑也赶不上他。他停下来等我，我说你慢点，我的皮鞋底都磨破了。到了府上，他进去翻箱倒柜，终于找出了一双意大利产的皮鞋，说送给我。我很不好意思地穿上了。前年沈先生从杭州到苏州过春节，又送了同样品牌的一双鞋给我。我在宾馆接他时发现他穿了一双凉鞋，不知怎么回事。师母说，他在杭州穿了一天皮鞋就脱下了，仔细擦干净，再装好，说是要送给王尧。师妹文心对师母说："爸爸对王叔叔比对儿子还好。"我怎么也不肯收这双皮鞋，师母说这是沈老师的心意。

　　2005 年的秋天似乎结束得晚些。在秋雨夹着树叶零落的傍晚，我终于等到了沈谦先生。他在上海外国语大学开完会，便驱车直奔苏州，同行的还有他的学生蔡雅熏主任、简圣宗老师。这两年他几次到上海、杭州参加学术会议，都因日程太紧无法访问苏州。10 月他到上海，我想去沪上看他，他不让，说 11 月再来一定会去苏州。我在电话中说，今年的马兰头和螃蟹特别好，不要错过机会。他往上海的前一天晚上从台北打来电话，告诉我他的日程安排。我问他想见哪些朋友，他说见谁见谁。当沈先生到达饭店时，他想见的苏州朋友全在那儿恭候。我看他心情特别好，席间话锋幽默、机智如常，众人开怀。以往他来苏州时，朋友从来没有到齐过。——当时我怎么也料不到，朋友到齐了是来为沈先生送行的。

消失的秋日

　　梅雨的江南，其实是个让人烦躁的季节。连绵不断的雨和突然压下来的混沌的阳光，怎么也让人舒服不了。在没有雨也没有阳光的傍晚，当我感觉终于有清新的风吹过时，我不熟悉的一位记者突然从上海来电话说："李子云老师前天去世了，你有什么感想。"我告诉他，除了悲伤，我还有些不安甚至是愧疚。

　　我和许多人一样，对李子云老师的认识是与运动、夏衍、为文艺正名、上海文学、"现代派"通信、杭州会议、寻根与先锋等关键词联系在一起的。李子云老师的文学活动，一部分是我们这一辈人不在场的历史，一部分是我们目击了的现实。对20世纪五六十年代那段不在场的历史，我们今天在论述时，即使持批判的立场，也不能掩饰我们内心的矛盾。在见到了李老师之后，我的一个想法是，我们今天的反思远比他们当年的突围要容易许多。

　　20世纪70年代与80年代之交的历史，现在已经变成为往事了。当李子云老师从容地叙述她所知道的那些人和事情时，我觉得自己也仿佛"在场"了。我当时在做新时期文学口述史的访谈工作，按照文学史发生发展的大致脉络，我差不多绘制了一幅文学地图。在这个地图上，李子云老师无疑是个"标识"，我所说的那几个"关键词"，是无法从文学史中删除的，只是因为当下文学史写作方式的局限，无数并不次要的事件和细节被"体例"排除了。李子云谈到王元化和夏衍，谈到了不少文坛的风云人物，谈到了杭州会议的细节，谈到了通信的始末，等等。在涉及这些话题时，李子云老师始终能够在历史的进程之中突出事件的脉络，突出冲突之中的个人选择与思想方式，而对自己所起的作用，她总是表述节制和谨慎。当代文学在他们那一代人身上留下来不少的个人恩怨，时过境迁，李子云老师的旷达和宽容让我们体会到一个知识分子的胸襟。我现在还记得，在说到因为"现代派"通信和冯牧先生争执、相见也不打招呼时，她停顿下来，歉疚和怀念在眼神之中。

这是 2005 年的秋天，在新华社上海分社。李老师说话时的清晰、坚定、透彻、爽朗和豪情感染了我和在场的程德培、林建法。她的讲述不仅让我触摸到许多已经概念化了的词语背后的细节，特别是他们那一代知识分子千锤百炼出来的精神气质，让我明白历史何以在断裂中尚存绵延不断的推进力量。花开花落，云卷云舒，有许多不能承受之重的事情，那时，变成了一种语气，一种神态，一种姿势。我们这一代人，也总觉得自己处于冲突之中。但比起李子云老师他们那一辈，我们似乎多了些自由和选择的空间。可我又常常感到，我们未必能够选择得很好。

当时正是吃大闸蟹的季节，李子云老师显然也是位美食家。

我们说到了上海其他几位喜欢美食的老人，有两位是我熟悉的，于是我跟李老师说，找个时间，请你们一起到苏州住几天，李老师非常高兴，表示只要身体许可，一定前往。我看她的精神非常好，依然是我以前在照片上见到的高雅、大器。她说，生了一场大病，已经不及从前了。我想，以李老师的身体状况来苏州肯定是没有问题的。

这一说，几年过去了。李子云老师或许一直在等我邀请她来苏州小憩，我自己也记得这件事，但成天忙碌一直没有落实；我更大的疏忽是，一直没有把我整理好的谈话录送她审定。有一天，《上海文学》的杨斌华兄告诉我，李老师想看这份稿子；蔡翔兄也几次电话催我。我说，我想当面呈送给李老师。这篇稿子在2009年的《文艺争鸣》第4期发了，我不知道李老师有没有看到，我想最迟在秋天，请老人家到苏州来，请她看这篇稿子。

可是，2009年的秋天，已经是一个没有了李子云老师的秋天。

作家侧记

记莫言

"王尧的英语比以前提高了，成为著名主持人。"在《收获》创刊六十年的庆典活动上，莫言如此说我的"普通话"。想来，我用这样的"普通话"和他交流也近十八年了。

2001年的暑期，我从台湾东吴大学客座回来，接到时任《当代作家评论》主编林建法先生的电话，邀我去大连和莫言碰面。由此，我和莫言有了第一次见面。日常生活中的莫言亲切随和憨厚，话不多，但都说到点子上。我以前抽烟很少，也不好酒，在东吴大学教书的半年，业余时间的乐趣除了看附近的台北故宫博物院，就是抽烟。当时台北还没有在公共场所禁烟。在大连，我发现莫言抽烟很多，两人就常凑在一起烟雾缭绕。在旁的笑笑看不下去了，将我们的香烟从嘴上拔走。

在那几天，我们仨商量在苏州大学策划"小说家讲坛"活动。生活暑期开学后，莫言和李锐到讲坛做了第一场演讲。后来，我们又做了《莫言王尧对话录》。这本书名为对话录，实际上是莫言的自叙传。我在对话时发现，如果我插话过多过长，可能会打断他叙述的完整性，因此我改变了对话的策略。后来这本书在台湾出版时改为《说吧，莫言》，在获奖后收入文集时改为《与王尧长谈》，这样的名称是很妥帖的。在大陆出版时，莫言说："我不要稿费了，给笑笑读书。"

　　因为熟悉了，后来也就无话不说。我也有批评家的习性，有时候会说起某个作家的小说有什么问题，想写篇批评文章。莫言说，成熟的作家是知道自己的短处的。这让我觉得莫言的厚道。有次他在某个会议上比较激动地和谁争执了，见到我谈起此事，他十分后悔自己的激动，觉得应该冷静。莫言是一个理解别人的作家，他在获奖后赢得了巨大的声誉，也受到一些批评。其中一些批评是批评者不明就里，一些批评是误解，还有一些批评则另当别论。以莫言的译本为例，有海外汉学家说诺贝尔文学奖是奖给英语译者的。这样的说法其实根本不能成立，言者既不熟悉莫言各个语种的译本，也不清楚评委们对莫言作品译本的阅读情况。即便对这一不负责的言论，莫言从不恶言相向。但莫言也是常人，内心的委屈是可以想象和理解的。所以，我一直主张回到文学的莫言。在新近的文章中，我也提出需要理解在特定文化现实中莫言的处境。现在的莫言几乎很难发言，不管如何说，总会引起非议。

　　莫言用左手写毛笔字时，我好奇问他为何这样。他说，这样可以避免钢笔字的痕迹。在获奖之前，莫言的书法已经引起收藏者的兴趣，获奖以后，也有很多人向他求字。我猜测，这是莫言现在的困扰之一。他获奖回国后，我的散文集在一家出版社即将付梓，责任编辑好心建议我请莫言写几句推荐的话，我想想觉得不妥，可能让人误解为拉大旗。我致电请他题签，他很快将"纸上的知识分子"几个字写好拍照发给我。但这幅字他后来不知道放到哪里去了。在北师大开会时，他想起我曾经请他写"三槐堂"，便说回家写好后让笑笑送过来。隔天我拿到这幅字时，特别感动。莫言不是那种一阔脸就变的人。但我知道莫言因这样的"人情债"实在不堪重负。经常有熟悉的朋友，托我找莫言做什么。这也让我很为难，我知道不应当去打扰他，但拒绝朋友的请托又觉得不好，就硬着头皮给莫言微信。莫言总是及时回复我他不能参加的原因。

　　我是在旅途中读到莫言的《故乡人事》的。《收获》主编程永新先生收到莫言邮件的当天上午，我们一起参加一个小型的活动。永新兄欣喜地说，早上收到莫言的三个短篇小说，他正在重新安排《收获》创刊六十年特刊的版面，以及时发表莫言的新作。我在手机上读完了永新兄转来的《故乡人事》。我个人很喜欢莫言的这三个短篇小说，以为在获得诺贝尔文学奖之后，莫言已经能够从世事纷扰中走出。我不能预测莫言以后的创作成就，但由莫言短篇新作所呈现的气象和小说写作的新可能性，我对他接下来的写作充满期待。

　　我们可能会忽视一个问题，一个获奖作家在享受如此灿烂的荣光时，同时也许会承受常人无法想象的压力。在一定程度上说，诺贝尔文学奖也是一个"生命不能承受之重"的庞然大物，国外一些作家在获奖之后再无重要作品，未必是江郎才尽，或许是因为这个奖项压得作家无法喘气。心态的变化，会对作家，即便是伟大的、优秀的作家产生致命的影响。我们现在还不能对莫言的新的可能性做出消极的预测，莫言在获奖之初就意识到了获奖对一个作家可能产生的负面影响，并期许自己能够写出新的优秀作品。以我的观察和分析，莫言在获奖之后是冷静的、理性的。莫言这两年发表了若干新作，我称之为"再出发"。莫言的"再出发"表明他个人已经从喧闹中沉寂下来，我们有理由期待他会写出优秀作品。

莫言在获奖之前，对诺贝尔文学奖已有自己的思考。在长谈时，我提到了诺贝尔文学奖的话题，莫言回答说："诺贝尔文学奖是个好东西，我觉得没有必要回避。好像说鲁迅曾经拒绝过诺贝尔文学奖，但那仅仅是几个中国人要给他提名，并不是瑞典文学院把奖给了他而遭他拒绝。所以说鲁迅拒绝诺贝尔奖仅仅是一个态度，并没有成为事实。尽管对这个奖有各种各样的评价，但它的诱惑是挡不住的。在百年的历史上，诺贝尔文学奖授给了一些伟大的作家，但也有不少得奖者经不起历史的考验，几十年后被人忘掉了，这也是正常的。""诺贝尔文学奖作为一个世界范围内的文学奖，不可能把所有的好作家都容纳进去。有些好作家没来得及参评就已经去世了，有些作家本来没有这种资格却得了奖，这基本上不影响诺贝尔文学奖的权威性，因为它评出的大部分作家还是真正了不起的。我想，大多数作家不会为了得奖才去写作。事实也证明，当你想得什么奖而去写作的时候，你多半是得不了的。""再就是，当某人得奖呼声很高的时候，这个人往往是得不了奖的，得奖者经常是那些仿佛突然地从地球深处冒出来的一样。譬如，当年意大利最有希望得奖的，最有资格的，众望所归的，我想是卡尔维诺，如果他得了奖，那么全世界就都会鼓掌，但最后是达里奥·福，一个喜剧演员得了奖，文学界一片哗然。这就是我前面说过的，不是达里奥·福比卡尔维诺好，而是达里奥·福比卡尔维诺更符合诺贝尔文学奖的标准。"莫言在2012年说的这几段话，仍然是我们理解莫言的一个参照。

我所说的诺贝尔文学奖也是一个"生命不能承受之重"的庞然大物，在中国的文化现实中可能更是如此。中国作家获得诺贝尔文学奖，这是一个太久远的期待，太遥远的梦想。从鲁迅到老舍再到沈从文，诺贝尔文学奖成为中国文化以及中国与世界关系的典型的文化符号，其中灌注了太多的寄托，也纠缠了太多的非文学的因素。当这个重要奖项终于和中国作家莫言联系在一起时，曾经有过的历史复杂性都在这个时候省略和简化了，并且都聚焦到莫言身上。对莫言的期待，在文学之外，还有文化的、政治的，甚至是经济的。就莫言个人而言，他的日常生活改变了，他失去了以往的普通人所具有的自由；他和别人的交往方式改变了，或者说别人和他的交往方式也改变了；他在公众场合出现的方式改变了，他不是文化明星也不希望自己成为文化明星，但别人把他当作文化明星。与这些相比，莫言面临的更大的困境是，政治人物、作家、批评家和读者因为这个奖而改变了观察他的眼光和价值判断标准。莫言不可能拒绝所有的社会活动，但他的任何一次演讲都被关注、检测乃至挑剔。在一个价值观分裂、利益诉求混杂的社会里，莫言的讲话常常被人朝不同的方向解释。这些年来围绕莫言的种种争论以及非议，在很大程度上都超出了莫言本身，折射了当下社会的问题。

如是观察和思考问题时，我以为，我们既要对莫言有所期待，又要对莫言有所理解和体贴。对莫言而言，这样的文化现实或许能够转化为他对当代中国社会的新思考，转化为他文学叙事中的生活和故事。而我们在研究莫言时，同样需要"减负"，需要剔除那些附加在莫言身上的因素。在《实习生》这部电影中，创建了时尚网站的朱尔斯·奥斯汀曾问退休之后重返职场的本·惠科特："为什么你每次都能讲正确的话?"确实，就电影中的故事而言，本·惠科特每次都以正确的话回答朱尔斯·奥斯汀。电影中的这句台词让我大为感慨，在现实中有无始终讲正确的话的人？我们为什么每次都要莫言讲正确的话？什么是正确的话？如果莫言几十年来一直讲正确的话，莫言也就没有那些经典之作了；或者说莫言就不是文学的莫言了。

为信仰而写作

　　秋天在北京见到阎连科时，他的样子颇让我惊讶：头发花白了，因为颈椎有病，脖子上套了个圈子。刹那间，我几乎觉得他背了个十字架似的东西。我还是一年前在北京的冬天见过他，我们在一个结冰的湖畔找了家餐馆，几个朋友喝着茶等待踏单车过来的莫言。我们自然说到了那部还在出版过程中的《丁庄梦》，我还建议他改名为《爱之》，记得连科兴奋地给出版社打电话。在此后的一年中，我除了读他的小说外，更多地听到的是关于他的种种似有似无的传闻和议论。我曾经想给他电话或者邮件，说些什么话，但以我对连科的了解，又觉得说创作之外的闲话似乎多余。我在自己的研究领域，常常感到一种历史的重压，现在又在连科的文本之外重温了我并不喜欢的那种感觉。秋天在北京鲁迅博物馆的莫言研讨会上，我和莫言、连科三人坐在一排，后来看到有朋友为我们拍的照片，三人都是严肃的"思想者"的样子，便自作多情地想到了鲁迅《呐喊》序言中的一些文字。

几年前，我在威海听连科演讲时，对他的身体语言有特别的感觉，他在讲话时气急手抖。我当时的感觉是，无疑，这是一个在用灵魂说话和写作的人，读他小说的感觉和听他演讲（不如说是在"说话"）的感受交织在一起了。我知道，这不是临场的紧张和恐惧，那是内心冲突的一种反映。阎连科这些年总是处于紧张的内心冲突之中，而这一冲突的形成将为后来者的历史叙述带来思索的空间。我想，关于阎连科的有关话题已经不属于阎连科一个人。——这也是十年来阎连科之于我们的另外一番意义。有意思的是，阎连科并不是一个喜欢制造话题的作家，而这些年关于他总是话题不断，纷扰常有，是现实语境和阎连科，而不是阎连科和现实语境构成了一种欲说还休的复杂关系。

最近几次开会，不时听到有朋友强调"现实主义"如何重要，我很纳闷"现实主义"为何一下子又成为一个问题。仍然还在写作的人如果称为作家的话，几乎早有"主义"了，需要关心的是他们如何"现实"——20世纪90年代以来这是中国当代作家的一条分野线。阎连科在《受活》的"代后记"曾经颇受争议甚至非议，一个作家离开文艺理论教科书和某些训诫说话，即使在今天的语境中仍然没有太大的空间。我私下有时想，在我们（用"我们"这个词我很犹豫）的文学界和知识界，"正确"的话太多了，"错误"的话太少了。阎连科的写作可能就是常"犯错误"的那种。阎连科是一个河南人，但一点不像普通人认知中的"河南人"，脾气倒是像鲁迅那样的浙东人，文章像周作人在《雨天的书》自序中说的"满口柴胡"气。阎连科挥动自己的"耙楼"说："现实主义，与生活无关，与社会无关，与它的灵魂——'真实'，也无多大关系，它只与作家的内心和灵魂有关。真实不存在于生活，只存在于写作者的内心。现实主义，不会来源于生活，只会来源于一些人的内心。"既然这个家伙已经明白"如果我们不能为摆脱墓地而活着，只能为摆脱墓地而写作，那就让我的写作，成为墓地的葬品了"，那么，他除了尊重自己的内心之外，一切都变得不重要了。

其实，一个有信仰的人，如果他不想妥协，他总是处于紧张的内心冲突之中，如果没有这样的冲突，就不可能有某种秩序的改变。时代的肖像自然不是一个人、几个人或者一群人塑造的，但是，它总与无数个处于紧张的内心冲突中的人相关，紧张的内心冲突构成一种旋律从而发出赤子之声，时代的肖像因此有了真实的解说。在我看来，阎连科和我们这个时代的优秀作家的最大特点在于他们是有信仰的写作者。对一个写作者而言，只说敬畏文字是不够的，因为多年来我们过分降低了对写作者境界的期待，敬畏文字这样的基本品格都成为问题，不能不说是莫大的悲哀；写作的迷失是信仰的迷失，失去了信仰的文字，无一例外都是"写作垃圾"。我并不认为阎连科的写作是完美无缺的，但是，他这些年的文字都充分呈现了他的信仰以及与此相关的世界观。大家都注意到，阎连科对小说写作新的可能性的探索（这种强烈的探索冲动同样也在压迫他的内心世界，他内心的冲突与此相关）；《坚硬如水》《受活》，其实不仅在尝试新的叙事方式，而且也在建立起一种新的世界观。我在早几年就提出，现在在探讨创作方法时，似乎在回避"世界观"这样的措辞。中国当代作家大凡有成就者如莫言、韩少功、贾平凹、李锐、张炜等的世界观已经发生了深刻的变化，这是他们内心世界最大的变化。世界观已经变化了的中国当代作家，将把当代汉语写作带到另外一番新境界。正是信仰的坚守和世界观的建立，使阎连科他们和一些写作者、知识者区别开来。我有时觉得，如果没有信仰，阎连科的内心世界早已崩溃；当然也可以说他曾经为信仰而崩溃并在崩溃之后死而复生。

迄今为止，无论是写军人还是写农民，阎连科的写作不外是"乡土中国"和"革命中国"的叙事。阎连科在有了《年月日》《日光流年》《坚硬如水》和《受活》后，他已经是这个年代最重要的小说家之一了。阎连科的意义就在于他以自己的语言、结构书写了独特的"乡土中国"和"革命中国"，而"乡土中国"和"革命中国"又时常是重叠在一起而成为"本土中国"。在阎连科的"本土中国"中，"革命"和"政治"成为两个"关键词"。读《坚硬如水》《受活》，不能不引起我们对"革命""政治"和"日常生活"的重新思考。我们以前过多地把精力集中在对政党斗争意义上的政治方面、国家意识形态的政治方面，而忽视政治是如何建立一种生活理想、组织一个生活世界的。《坚硬如水》《受活》等在被忽视的层面上展开了作家的想象，叙述了"本土中国"的复杂景观。

因此，当连科超越现实时，他又身陷现实之中。日光流年，信仰坚硬，文字如水。——连科"受活"吧。

背靠秦岭的贾平凹

    应该是 1994 年的五六月间，贾平凹因《废都》被安排到江浙的几个县市深入生活，在路过苏州时，我的老师范培松先生邀请他到学校讲座。在讲座结束后，我向贾平凹问了几个问题，后来整理成短文，作为一篇文章的附录。我印象中，贾平凹当时已经从"《废都》事件"中挣脱出来，缓过神来。——2018 年 10 月初，在上海交通大学的会议上，我们俩回忆起二十几年前的这次见面，都感慨系之。贾平凹说："那时我们都还年轻。"

    年轻的贾平凹 1978 年获得全国第一届优秀短篇小说奖。许多年以后，他在以获奖作品《满月儿》为书名编选短篇小说集时，收录了他在"文化大革命"后期发表的作品，这在同时代作家中几乎是罕见的。贾平凹并不想抹去或遗忘特定时期的幼稚之作，他后来能够写出《古炉》这样厚重的作品，是与他对历史事件的深刻认识有关的。我曾经写过一本小册子《迟到的批评》，谈论"文化大革命"时期一些作家的作品，也谈到了贾平凹的一篇以及其他几位作家的作品。我那时研究的问题是：今天这一批重要作家是如何从"文化大革命"过渡到"新时期"的？后来和这些作家相识相熟，他们对我的"批判"并无芥蒂。坦荡地面对曾经的历史，这是20世纪80年代成长、发展的文学知识分子曾经的共识。

我们今天讨论贾平凹的创作，通常都会说到他写于80年代初期的《商州三录》，这几篇被视为"寻根文学"之作。贾平凹写作这几篇时，几乎不是"寻根"，而是"扎根"了。《满月儿》获奖后，觉得自己的写作没有根据地，是流寇式的写作，他想找根据地，就回老家商洛地区。回去后，贾平凹就找了几位朋友协助，当时条件很差，无法车来车往。朋友联系好地方，贾平凹就坐板车，或者骑自行车去，不单跑县城，重点是去镇上村子，基本上走遍了商洛的主要地方。贾平凹的这趟扎根之旅收获颇大，回西安后写了《商州初录》。这是1983年。接着他又写了《商州又录》和《商州再录》。回忆这段经历时，贾平凹颇有感慨。他住在乡镇，感冒了，到一个地方打柴胡针。那里正流行肝病，一根针头要给很多人打，只是用棉球擦擦，没有消毒，不停给人打，回来就得肝病了。在乡镇时，又逢大水，贾平凹住在镇上一家旅馆，太潮湿了，得了一种疥疮。在《商州三录》的背后，有这样的故事。今天我们在谈论"文化寻根"时，关于文化的理解似乎要拓展些。我读贾平凹的《浮躁》《秦腔》等，一直以为这段经历对他的创作影响很大。《商州初录》在《钟山》发表后反响热烈，过了一两年，《钟山》的一位编辑致信贾平凹，谈到目前创作中出现的这些情况需要总结，他想让韩少功写一封信，贾平凹回应。韩少功后来在《作家》发表了著名的《文学的"根"》，贾平凹则在《卧虎记》中谈了一些想法。

在读贾平凹的一些文章时，我也时常会生出一些想法，他今天的境界除了天赋秉性外，与秦岭对他的哺育、他和秦岭的"对话"有关。1972年4月的最末一天，贾平凹离开了商山，走出了秦岭，到西安读大学。十多年以后，贾平凹在文章中动情地说："看着年老多病的父母送我到车站，泪水婆娑的叮咛这叮咛那，我转过头去一阵迅跑，眼泪也两颗三颗的掉了下来。"他不知道走出秦岭后会不会从此不再孤独和寂寞，这样的记忆刻骨铭心："我不喜欢人多，老是感到孤独。每坐于我家堂屋那高高的石条台阶上，看着那远远的疙瘩寨子山顶的白云，就止不住怦怦心跳，不知道那云是什么，从哪儿来到哪儿去。一只很大的鹰在空中盘旋，这飞物是不是也同我一样没有一个比翼的同伴呢？我常常到村口的荷花塘去，看那蓝莹莹的长有艳红尾巴的蜻蜓无声地站在荷叶上，我对这美丽的生灵充满了爱欲，喜欢它那种可人的又悄没声息的样子，用手把它捏住了，那蓝翅就一阵打闪，可怜的挣扎，立即就放了它。同时心中有一种说不出的茫然。"

不妨说，秦岭就是贾平凹，贾平凹就是秦岭。"一日远眺了秦岭，秦岭上空是一条长带似的浓云，想着云都是带水的，云也该是水，那一长带的云从秦岭西往秦岭东快速而去，岂不是秦岭上正过一条河？河在千山万山之下流过是自然的河，河在千山万山之上流过是我感觉的河，这两条河是怎样的意义呢？突然醒开了老子是天人合一的，天人合一是哲学，庄子是天我合一的，天我合一是文学。这就对了，我面对的是秦岭二三十年代的一堆历史，那一堆历史不也是面对了我吗，我与历史神遇而迹化，《山本》该从那一堆历史中翻出另一个历史来啊。"这是《山本》后记中的一段文字。不仅是《山本》，贾平凹从秦岭翻出了《浮躁》《古炉》《秦腔》和《老生》。《废都》或许是个例外。仔细想，其实也是在秦岭中生长出来的。我印象中，因为《废都》被讨伐，他在商洛"扎根"时患的肝病又复发了。但贾平凹在挣扎中顽强地活下来了。他的背后和心中有"秦岭"。在江浙深入生活时，当地的朋友找他签名，常常是悄悄地拿一本《废都》过来。这个细节让他在现实的悖论中获得了温暖，多年以后，贾平凹和我谈到这个细节，嘴角上挂着微笑。

也是因为《废都》，贾平凹终于成为当代作家中少有的一个传说。他创办的《美文》杂志，提出了"大散文"的概念。《美文》有几年热心推动青少年散文写作，举办了几次青少年散文大奖赛，我几次担任评委，因而有了和贾平凹更多的接触。穆涛是位喜欢开玩笑的朋友，常常会说些让我们大笑而让贾平凹尴尬的话，我注意到，这个时候的贾平凹通常是憨厚地笑笑，发出呵呵的声音，然后就是平静地抽烟。他很少说话，更不会长篇大论。他要说的话，都写到小说里去了。贾平凹的作品中有些神秘主义的成分，在日常生活中，他似乎也像神一样。很多人都说贾平凹测字很准，并且举了很多的例子，我后来也曾经好奇地核实传说中的一些听闻，似乎是很准。有一年，我也处在人生选择的路口，内心清晰而又困惑。一次，我说："贾老师，你能不能帮我测测？"他说："你报一个字。"我当时报了"苔"。他说："苔，是石头上的皮。"然后沉默，过了一会儿跟我悄悄说了几句。这件事我印象特别深，倒不是他说的是否准确，而是他对人性的体察极为细致和独到。

在第一次见面时，我就注意到贾平凹生活的朴素，他不太喜欢应酬，也不大鱼大肉。《秦腔》出来后，建法兄约了南帆、平凹和我去福建武夷山聊天。主人十分热情，盛情款待。第一顿饭时，贾平凹坚持到最后。第二次，我发现他有点坐不住了。第三次，我对主人说，贾平凹老师用餐简单，一碗面条就可以了。吃完面条后，我说我和贾老师有个对话，我们就先告辞了，贾平凹如释重负。知道他不喜欢应酬，我去西安，不怎么敢告诉他。但朋友的圈子就那么大，他知道后总是出面招待。我无意中说过，还没有到过他的书房。贾平凹记住了，一次在西安开会结束后，他到会场接我，说带我去看看他的书房。古董和书法作品是贾平凹书房的两大要素，我特别留意到一顶放古董的架子。我问贾平凹："据说地震时，这个架子倒下来，损失了好几件古董。"他说："是的。"午餐时，贾平凹问我想吃什么，我说油泼面。在马路的对面，就有这样一家店。在这家店里，我看到了小时候喝的汽水（苏打水），这种汽水我好多年不喝了，就要了一瓶。果然，喝了以后，喉咙里发出了声音。

那次从贾平凹书房走出时，我回望，他挂在书橱上最大的一幅书法作品写了四个字：与天为徒。

为麦家解密， 或关于麦家的误读

一

我第一次见到麦家，感觉他的眼神忧郁和散漫。

这应该是2004年北京秋日下午的一个什么场合，阎连科和麦家一起过来了。连科说，这是麦家。然后，我们从寒暄进入交流的状态。

在这之前，我读过他的《解密》和《暗算》，也见到过他的照片。照片中的麦家总是沉思、专注，眼镜四周还弥散着冷峻。确实是麦家，应当是进入了写作状态的麦家。日常生活中的麦家，似乎只有少数朋友一起闲聊时，他才会放松，才会笑着，这时你会觉得他是个憨厚的人。人多的时候他甚至很少说话，需要他说话的时候，也是简单明了。麦家在日常生活中的表达，远远没有他在写作时流畅。我一直想拍一张类似于麦家式的照片，但都失败了。我有麦家眼神中的散漫，但没有他的忧郁。我一直寻思他忧郁的来源。

天才总是有忧郁的眼神，忧郁的不一定是天才。写作《解密》《暗算》《风声》时的这个麦家应该是个天才式的家伙。散漫并不是不专注，是专注时的走神，写作的人在不写作时总是会走神的，他身体在文本之外，脑子还在写作的文本之中。所以，我觉得麦家即使在公众场合，仍然处于写作的状态。有时候在一起聊天，麦家谈到什么作品，总是直言不讳，但没有写作之外的话题。谈论别人，他也是在写作之中完成的。其实麦家是个热情的朋友，他以冷静、细心、周到和润物细无声的方式表达他对朋友的热情和诚恳。他在这个过程中，删除了多余的细节和客套。

麦家的热情更多地弥漫在他的写作中。

二

2008 年 3 月 19 日，麦家应邀到我和建法兄主持的"小说家讲坛"演讲。这个从 2001 年秋季开始的讲坛，此时已接近尾声。麦家应该是"小说家讲坛"的最后一位演讲者。他开场时说："我已经二十年没有来苏州了，二十年前，我曾经两次到过苏州，两次都跟女人有关。说真的，我差一点成为苏州女婿。但是命中注定我成不了苏州女婿，虽然给了我两次机会，都失之交臂。这就是命，数量篡改不了命运，正如海水不能解渴一样。"去年麦家到苏州演讲时又说到这个话题，可见苏州是给了他"创伤记忆"的。一个人通常只有在非常幸福的时候，才会平静地忆苦思甜。

三

麦家在青年时期好像有过一次出走，我已经记不清他曾经说过的那个故事。这可能是他人生中的一次迷失，或者是一次凤凰涅槃。当一个人脱序时，他实际上是把自己置于绝境。麦家坐上了火车，没有固定的起点和固定的终点，是他漫无目的的一次转车。我想象得出麦家的样子，他沮丧了，他沉默了，他心里的曲折一定会比铁轨还要长。他坐在车上，一个长者主动跟他说话了，长者容易观察到年轻人的心思。长者教育了他，然后他在最近的一个车站下了车。可能在这个时候，麦家开始走出他内心的铁屋。他把自己封闭了，然后在封闭的时空中呼吸，然后是呐喊。这呐喊就是文字搭建的小说。他的小说空间几乎都是铁屋，但那里不是昏睡的人物，而是窒息中呼吸的人物。所有的人和事物都是向死而生。读麦家的小说，我会想到他在军旅的特殊经历，也会想到他出走的那个故事。麦家走出来了，他小说中的人物有的走出来了，有的没有走出，有的不知所终。

四

麦家是一个被误解的小说家。

在许多批评家那里，麦家的小说经常会跟"谍战""类型"联系在一起。但是，如果仅仅将麦家的小说用这样的词语"描述"，甚至以这些词为出发点论述麦家的小说，就会大大削弱麦家的意义。可以这样说，麦家的小说大都是谍战小说，但是又远大于类型。传统意义上的类型小说的基本题中之意是"好看"，也就是一定要有足够的故事性，同时要降低阅读的门槛。麦家的长篇小说就故事性而言，确实属于类型小说。但这并不意味着它就一定是"通俗"的。很长一段时间以来，"故事性"是作为"文学层级"里面下层的因素被我们理所当然地置于"纯文学"的考量"之外"的。甚至在有些极端的批评那里，"故事性"径直等同于"通俗"。这其实是"纯文学"意识形态制约了我们对于好的文学的想象力。从这一点来看，麦家的意义在于质疑了这种"正典"的"理所应当"。

<h2 style="text-align:center">五</h2>

　　"人性""英雄"也是麦家小说心心念念的主题。"人性"这一主题在中国当代文学中从来不是一潭死水。在文学发展的不同阶段，对于"人性"都有着不同的解读策略。同时，当代文学始终有一对隐含的矛盾，即"人性"和"英雄性"之间的矛盾。怎样处理好"人性"和"英雄性"之间的关系，是当代文学传统下成长起来的作家所必须直面的问题。在"十七年"和"文革"文学之中，人性往往被阶级性取代。因为被划入资本主义文化的腐朽范畴，"人性"在阶级英雄身上是匿名的。将"人性"这一概念黑暗化、去光化的同时，人的丰富性也沦为了格式化的苍白图形——留下的只有"金光"，"金光"背后的暗影是注定无法存在的。"先锋文学"为了解构曾经这种光芒万丈的英雄性，极力去书写"人性"中不堪直面的晦暗角落。好像矫枉必须过正，"先锋文学"时期我们对于文学中人性的想象从一个极端直接滑向另一个极端。20世纪90年代以来，市场经济的发展再次启动了我们对于"人

性"和"英雄性"的最新想象。市场经济的全面展开将"日常性"的诉求带回了我们想象的视野。于是,"英雄"已经不是昔日的"阶级英雄",而是降落人间成为"市民英雄"。

在这样的背景之下重读麦家,就会发现他赋予了"人性"和"阶级性"一种新的关系。麦家笔下的阿炳、黄依依等人是从寻常人间走出来的,他们浸透了日常性的精神,但是他们又不是那种能够散落人群中成为"背景"的人——他们身上的"异秉"让他们无法"平凡"。因此在麦家的小说中,"英雄"一方面存在于人间,然而日常性又丝毫没有磨损英雄身上负载的传奇性光环。麦家的英雄站立在存在的真实地基之上贴地"飞行",既没有成为黑暗性的囚徒,同时又没有被日光灼烧。

通常来说,小说对人的刻画,或挖掘普通人、小人物身上的光辉点和"超人性",或聚焦天才、英雄的常人处和"肉身性"。麦家的小说显然属于后者,比如在旁人眼中"国家至上"的李玲玉,作者却借顾小梦的眼光塑造出了一个充满人情味的女性;又比如被推上神坛的容金珍,小说用大量笔墨描绘他在日常生活中的低能与无助、纠结与困惑。麦家执着于一遍遍地书写那些旷世奇才、国家英雄,但并不塑造他们的丰功伟业,而是写与其形成强烈对比的肉身性,他们的缺陷与脆弱、困惑与失控,以及在其中的挣扎与陨落,麦家小说的主人公总是怀有一身奇才或绝技,少年得志却为才华所负累,鲜花着锦之时便成疯成魔、匆匆折毁。通过这一类人物,写作聚焦于人类寻求自我超越与注定无法超越之间的人性难题,以及个体在这个难题面前对于自我的认知与突破。

六

从麦家的写作习惯来看，他应当是一个苦吟派。翻开他的小说，扑面而来的是他绵密缓慢的语调和精致微妙的想象，字里行间似乎都可以看到那个字字斟酌、反复推敲、改了又改的麦家。然而，无论他如何地苦心孤诣、兜兜转转，其写作始终不脱人性这个原点，其所有的写作技巧和故事构造都服务于个体本身的生命逻辑。他的一个个故事总是藏在精巧的外壳里，需要通过程序繁复的层层剥开，才能在最终看到其不变的内核——人。《解密》中的人物，不论是天才少年容金珍，还是配角希伊斯、小黎黎，都是令人捉摸不透的缥缈形象，似乎每个人的背后都有着一股神秘的力量，而对神秘力量的顺应或挑战也推动着他们卷入命运的漩涡。在对这些人性矛盾的探索中，小说触碰到了孤独与意义、勇气与恐惧、欲望与家国这些主题，而读者对这些人性问题的共鸣恰恰是不分国界、无关东西的，由此，小说才具有了所谓的普世性价值，能够超越种族、时空和文化，从而直抵人心。

七

麦家小说的位置也像上面提到的那样，一方面从烟火人间汲取材料，另一方面又在人间的上空低飞。在一次访谈中，麦家说："琐碎的日常生活对人的摧残，哪怕是天才也难逃出这个巨大的、隐蔽的陷阱。说到底，我笔下的那些天才、英雄最终都毁灭于'日常'。日常就像时间一样遮天蔽日，天衣无缝，无坚不摧，无所不包，包括人世间最深渊的罪恶和最永恒的杀伤力，正如水滴石穿，其实是这一行残忍。"

这样一种"在之间"的写作构成了麦家小说的异质性。常常有人将麦家与博尔赫斯进行对比。从一定意义上来讲，这种对比是有效的。麦家像博尔赫斯那样，能看到世界存在的块垒之下的那些暗流，能听到像密码那样飘散如幽灵的低语。在我看来，《暗算》的"听风者""看风者""捕风者"三个部分最为鲜明地指认出了麦家小说的这一特点。"风"这样一种最无形的存在就是麦家笔下的神秘性，麦家用文字和叙事为这种"神秘性"赋形。正是因为站在两重世界"之间"，麦家认出了"神秘性"。密码、迷宫，存在于符号意义上的"真实"找到了它们的肉身宿主，它们不断诱使主人公从现实世界走向这个"原型"的世界。从一种"真实"走出，抵达另一种"真实"。于是，小说家在"解密"，他笔下的人物也在"解密"。双重的解密过程打捞着"现实主义"背后那团神秘的庞然大物。麦家小说的叙事动力正在于对凡俗现实背后的神秘性的索解，这种神秘性很少被中国作家以如此大的叙事规模展现出来。

八

麦家有着特殊的位置，不仅因为他在"雅"和"俗"的边缘来回游走或者说突破了雅俗的藩篱，令人瞩目的是他在世界范围内受到读者的眷顾。在国内，包括《暗算》《解密》《风声》在内各类作品自 2002 年以来已累计达到了惊人的销量，尤其是随着电视剧《暗算》与电影《风声》的上映，麦家在大众读者中掀起了一股浪潮。在海外，2014 年《解密》的英文版由英国企鹅出版公司和美国 FSG 出版公司联合出版，甫一问世就刷新了中国文学作品在海外销售的历史：英国亚马逊综合排名 385 位，美国亚马逊 473 位，一度达到了世界文学排行榜的第 17 位，并在一年内成为中国当代文学译作海外图书馆藏的首位。随后，小说的西班牙语、俄语、意大利语等 33 种语言的译本也陆续推出，一跃成了国际性的畅销小说，引发了包括《纽约时报》《泰晤士报》《独立报》等在内 40 多家西方主流媒体的集中关注，并先后入选 2014 年英国《经济学人》"年度全球十佳小说"和 2017 年英国《每日电讯报》"史上最杰出的 20 部间谍小说"。

中国文学如何"走出去"，麦家的《解密》是个案例。我们一段时间面对的窘境是：中国图书的对外推广逐年加大力度，但考察其效果始终是雷声大雨点小，在每年全世界出版的 700 多种中国文学相关书籍中，能进入世界读者视野和主流图书市场的可谓寥寥。莫言、阎连科和余华是其中几位在海外有影响力的中国作家。《解密》为何能进入海外大众读者的视野？译者米欧敏在机场发现《解密》，间接促成了小说被收入"企鹅经典文库"的传奇；又比如企鹅、FSG、行星等出版公司采用大规模的商业运作手段：拍摄宣传片，投放多媒体广告，策划各类见面、对谈、销售活动，并有意利用了"斯诺登事件"所引发的社会恐惧与反思心理等等。这些对文本外场域因素的探讨显示出了畅销书被"打造"的过程：这是包括作者、译者、出版机构、评论界等各方面合力的结果，而这种合力的机缘实在是可遇而不可求，麦家说那是"远在星辰之外的运气"。

九

或许可以说，海外的那些译者、批评家、出版商和读者对麦家的理解也是矛盾的。《解密》在海外受到了主流媒体及书评人的极高评价，他们的视角大多集中在故事本身的可读性及其背后的叙述视角、情节构造等层面，如美国《华尔街日报》认为《解密》"可读性和文学色彩兼容并包，从一种类似寓言的虚构故事延伸到对真实谍报世界的猜测中，有一种特别微妙的奇异气质"；FSG主编指出小说融合了中国民间传奇、历史小说、亨利·詹姆斯的心理描写和元小说等元素；英国《卫报》提出小说的第三人称叙述和以日记、访谈为载体的第一人称叙述造就了小说独特的艺术魅力，是吸引读者的关键。这里的问题是：我们为什么把可读性排除在文学性之外？

值得注意的是，麦家虽在国内被誉为"中国谍战小说之王""特情文学之父"，美国《纽约时报》也以"A Chinese Spy Novelist"来介绍麦家，但文学类型并不是其被广泛接受的关键因素。已有研究者以美国亚马逊网站上《解密》英译本的"读者书评"入手，指出许多读者显示出小说不知该如何被定义的困惑，提出了诸如"历史小说与心理惊悚小说的结合"，"既是间谍小说，也是心理小说"，"传统间谍故事与中国民间故事的结合"等说法，但归根结底，他们都认同小说"传达出对世界、人性的深刻认识"这一价值。

我们还可以换一个角度来谈麦家的"走出去"。麦家小说的传播，显示了海外对中国文学接受不再是"冷战思维"的"政治读解"，取而代之的是就"文学内部结构"而言的某种审美读解。尽管麦家小说的故事构架内在于世界的"两极格局"（两极格局正是谍战小说生长的现实土壤），但是他用凡人—英雄这样的叙事构架瓦解了政治读解的先验预设，传奇性与人性之间的广大地带成为麦家超越两极格局解读的文学"空间"。

十

我一直不相信，麦家在语言的世界里就这么了断他的故乡，了断他和蒋家村的关系。青少年时期的麦家在蒋家村也是一个"受害者"，那种因为出身问题而受到的歧视和压迫，对一个青少年而言之所以刻骨铭心，是因为所有的一切都是在他身体和精神发育时期。我至今还记得我的外公被红卫兵拖走批斗的恐惧，他是位地下党员。记忆还在那里，生活就在那里，精神的本源就在那里。不妨说麦家后来的英雄情结在很大程度上也是被压抑后的释放。

终于有了《人生海海》这样一部小说。麦家还是一如既往的麦家，成熟的叙事技巧和精心构造的故事一如既往；但麦家不再是我们之前熟悉的那个麦家，他直面历史重大事件，对"故乡"的"暗算"进行了"解密"。有朋友说麦家转型了，我说麦家把他的另一种可能性完美地释放出来了。

麦家在《人生海海》中有意增加了叙事难度，达到了似乎是为难自己甚或是炫技的地步。一方面，小说在漫长的历史跨度里使用了多个声部，第一部分是"爷爷讲"，第二部分是"老保长讲"，第三部分是"林阿姨讲"，其中还穿插了其他临时性的讲述者。他们每一个叙述者都是上校人生的部分见证人，用自己的生活逻辑与生存哲学来理解上校，并用自己的叙述语言讲述部分的"真实"。个体的人生何其曲折，人类的命运又何其海海，这些多个声部的讲述者向我们展现出个体人生渺小，以及这渺渺人生所蕴藏的巨大潜能。

另一方面，麦家采用了更具有挑战性的第一人称叙事，通过封锁视角来增加叙述难度。正如他坦言，他完全可以采取线性叙事的方法，但"我有意绑住了手，或者弄瞎了一只眼睛，但我又要看到全局、掌控全局，这就给自己增加了难度"。这种叙事视角拉近了读者与故事之间的距离，一下子成了"爷爷讲""老保长讲""林阿姨讲"等多个频道的直接接收者，更容易产生"听书人"的现场感并随着坎坷离奇的情节产生情感代入。

是的，麦家挑战了自己。

十一

我收到《人生海海》时已经是初夏。又过了些日子，我带着《人生海海》到了富阳。我在富春江畔，听麦家说他的那个村庄和我们的距离。

熟悉和陌生的迟子建

一

熟悉迟子建的朋友都叫她迟子。

我和迟子建不是老朋友，也不是新朋友。从阅读《北极村童话》开始，我记住了迟子建这个名字，在多年的阅读中感觉和她很熟悉了，见面也自然而然叫她迟子，这样说来也是老朋友。北京的一次作代会上，我和迟子站在台阶上匆匆忙忙聊了几句，这应该是我第一次见到她。迟子建主持萧红文学奖评审，我参加过一次，感觉到她对萧红的敬仰和对评审的仔细。颁奖前几天我腰椎病突然发作，未克出席颁奖典礼，迟子特地电话慰问。过了很多年，我才有机会去呼兰河参观萧红故居。在萧红故居，自然想到了迟子建，我犹豫要不要联系她，最后还是没有拨打她的电话。我想，写作和冥想状态中的作家应该更喜欢和笔下的人物与自然交谈。

不管愿意还是不愿意，我时常参加一些文学活动，但很少在这些活动中见到迟子建，有时候听说她也要与会，但散会时她还没有来。我知道了，迟子建不喜欢热闹，更不会凑热闹。这个世纪的最初几年，我和建法兄主持"小说家讲坛"，曾想邀请迟子建到讲坛演讲，她当时已经出版了《额尔古纳河右岸》。我忘记她起初是答应还是没有答应，建法兄说迟子答应了，但最终没有到讲坛来。可能是为了不让我和建法兄失望，又不改变自己的习惯，迟子建给了一份书面讲稿。我在那一期"主持人的话"中有一句是：在额尔古纳河的右岸，站着一位叫迟子建的女人。她走过右岸之后，又写了《群山之巅》。这个时候我意识到，文本中的迟子建已经远远大于我所熟悉的迟子建了。

二

再次见到迟子建是在沪上，《收获》六十年的庆典，许多作家都与会了，无数文学史中的作家都围坐在那幢小楼的会议室里。我见到了迟子建，在当晚餐会的空隙，我们断断续续谈到许多文学话题。批评家和小说家看待一些问题的角度其实是不同的，尽管批评家和小说家在广义上是一种对话关系，但批评家进入小说家文本时的状态以及在长期批评实践中形成的经验与表达方式，其实和小说家创作文本以及在长期的写作实践中形成的经验与表达方式有太多的差异和距离。出乎预料，我和迟子建有许多共识，包括对一些非文学现象的忧虑。迟子建坦率、直接，和她缠绵的文字风格不同。这是"北方"，不像"南方"。

确实，一个作家为了能够写出遥远的美好，需要与一些事物保持遥远的距离。这可能与性格有关，也未必不是一种文化选择。

迟子建淡定、沉潜，也是一种自信。淡定和沉潜的迟子建一直走自己的路，《北极村童话》只是开始，这个开始太重要了，但如果没有后来的《伪满洲国》《额尔古纳河右岸》《群山之巅》和其他一些中短篇小说，迟子建的那个开始便是结束。这么多年来，我们曾经熟悉而后迅速或逐渐淡忘的一些作家，有很多人是在开始时就结束了自己的创作。当然，我们现在不用急于"经典化"迟子建，但她的许多文本无疑产生了"意义"。一个作家的意义在那里，无论你在场还是不在场，都一样；相反，你在场也是缺席。所以，我多少有点理解迟子建的"生存方式"。

当我说在额尔古纳河的右岸站着一位叫迟子建的女人时，我无意突出作家的性别，事实上许多同仁都怀疑女性主义批评面对迟子建时的有效性。有许多作家，一路走来都是自己的节奏。我想，迟子建的创作一定有过内心的困顿、焦虑甚至迷惘，这种内心状态的摆脱无法通过任何"他者"指点或者在"他者"影响下完成。我在迟子建的一些作品中读到了她往前走的犹疑，他们这一拨作家中很多人是在犹疑中循环往复的。迟子建在写《额尔古纳河右岸》时，其实是首先完成了对自己的重塑。"额尔古纳河"冲刷了迟子建曾经的困顿、焦虑甚至迷惘，迟子建往前走了。这个时候，我们无法将迟子建的创作归类了。好的作家就是写出自己，写出自己的世界。

三

我们在迟子建的散文和小说中遇见了那个叫"迎灯"的小女孩。迟子建可能自己也没有意识到，她后来的写作是持着父亲的灯笼去寻觅"风景"。在讨论迟子建时，我们都容易想到"北极村"那块边地，这个乳名迎灯的女孩是在那里长大的。

迟子建从《北极村童话》开始便将"北极村"当成诗学和精神意义上的故乡。她在这篇小说的题记中写道："假如没有真纯，就没有童年。假如没有童年，就不会有成熟丰满的今天。这是发生在十多年前，发生在七八岁柳芽般年龄的一个真实故事。"在后来的评论中，"童年视角"成为讨论迟子建创作的关键词之一。迟子建自己回忆说，她在写《北极村童话》时充满了幻想，完全没有感觉是在写小说，而是一发而不可收地、如饥似渴地追忆那短暂的梦幻般的童年生活。

确实，在"北极村"，迟子建留下了故乡、土地，人物、人性，自然、社会等等最初的印记，在"北极村"生长的故事和美学一直是她看待人性、自然、现实和历史的参照。迟子建说："我对文学和人生的思考，与我的故乡，与我的童年，与我所热爱的大自然是紧密相连的。对这些所知所识的事物的认识，有的时候是忧伤的，有的时候则是快乐的。我希望能够从一些简单的事物中看出深刻来，同时又能够把一些貌似深刻的事物给看破，这样的话，无论是生活还是文学，我都能够保持一股率真之气、自由之气。"

"北极村"是童年，生活，风俗；是四季，童话，神话；是简单，自由，朴素；是快乐，忧伤，美丽。这些都不错，但我更认为"北极村"是迟子建写作的一种方法，是写作中的世界观和方法论。迟子建俯瞰、融入与超越大地时的状态，她和大地上的人与物以及其他精灵相遇时的状态，她透视世界的美丽和丑恶、纯净和污秽时的状态都与我说的"北极村"作为一种方法有关。现在大家经常提到"调性"这个词，迟子建小说和散文中的调性纯净、忧伤，用神性过滤了世俗，重建了语言和日常生活的诗性。在这种调性的形成过程中，迟子建处于自然而非别扭的状态。在许多被视为优秀小说家的文本中，我有时会感觉到叙述者的别扭以及那种磕磕碰碰的生硬状态。无论是作为叙述者，还是作为小说人物，迟子建总是沉浸在自然而然的状态之中。如果舍弃叙事的技术分析，这种状态之中的迟子建，完成了与她笔下人物、事物、自然以及她所营造的环境之间的对话关系。当这种关系契合时，人物在故事中才能处于自然状态。

所以，我以为"北极村"是迟子建写作的一种方法。《额尔古纳河右岸》在故乡动笔，完成中卷后，迟子建在哈尔滨待了三天，马上又返回故乡。她觉得这部长篇只有面对着山峦完成，才是完美的。迟子建的这句话或许可以来解释我说的"方法"："故乡对我来说，就是催生这部长篇发芽、成长的雨露和清风。离开它，我的心都是灰暗的。我很快又从那连绵起伏的山峦中获得了信心和灵感，回到创作中。"

四

我并不赞成将迟子建笔下的"哈尔滨"和"北极村"对立起来。

迟子建的小说主要有两个系列，一个系列是发生在哈尔滨的城市故事，另一个系列集中书写"边疆"世界（这里的"边疆"是一种策略性的说法，用来意指我们充满同质性的视线之外的少数民族、边地故事）。迟子建的城市故事写哈尔滨市民的凡俗人生。哈尔滨这个城市有着它独特的暧昧性。这里有土生土长的中国人，也有历史上从帝俄、苏联时期俄国来的侨民，还有逃避纳粹大屠杀流亡而来的犹太人。各式人等在哈尔滨这个共时的舞台上汇聚，"传奇"不断，"流言"不息。迟子建用她的文字记录下了这个城市丰富驳杂的文化身份，记取了一代人甚至是几代人的浮世悲欢。迟子建看到了这个共时空间底部的暗流汹涌，就像小说《晚安玫瑰》呈现的那样，女主人公吉莲娜的晦暗人生就是这段驳杂历史的真身。在处理类似题材的时候，迟子建笔端流露出一种非常慈悲的声调。这声调的底里其实是对城市中人的体贴和纾解。如果说王安忆、金宇澄写尽了上海市民的沧桑风流、世俗旖旎，那么迟子建则写出了哈尔滨市民那种或寒伧或粗粝的心灵秘史。我们在《起舞》中，跟随主人公搬迁的足迹，行走在哈尔滨的街巷之中，识别出沉潜在那些故地之中的历史消息。

迟子建的"边地"故事拓展了中国文学的想象版图，这些文本提供了一种"在别处"的风景，我们借这些故事得以看到别样的人生形态。《额尔古纳河右岸》以一种极具诗性的笔调丰富了我们的感觉世界，当代人被网络和新媒体磨钝的目光在迟子建的文字里得到了更新和再生。尽管我们永远无法重返卢卡奇笔下那个"总体性"的世界（在那个世界里星辰轨迹即人生道路），但我们总还是可以凭借迟子建的文字，去短暂地设想那个天地人浑然一体的世界。我们几乎可以听到迟子建在写这些文字时的叹息，那是一种对于"永恒失落"的追悼，鄂温克人在岁月中苍老的目光仿佛是本雅明笔下，那个被历史飓风鼓起的历史天使的倒影，它不断地朝后看，最终飞向未来的废墟。迟子建的边地书写总让我们不自觉地联想到沈从文的《边城》《湘行散记》等篇什，一次次地书写、抵达，凝固成一片似真非真的"文本奇观"，那些仿若乌有之地的空间寄托了作家满腔的人性追求，那种单纯、自然又不"悖乎人性"的故事，足以暴露出现代性降临带来的迷惘和隐痛。正如沈从文写出《长河》，迟子建写出了《额尔古纳河右岸》《群山之巅》。现代历史的巨大动量就在这乌托邦与现实之间驳诘、滑动。

我们隐隐读出了迟子建对于颓败的忧虑。这些忧虑是在"北极村"和"哈尔滨"成为一个"整体"后产生的。

五

2016 年的冬天，我在沈阳见到了在江南久违的大雪。初晴时，我和迟子建踏雪去一所大学，《当代作家评论》主编韩春燕安排我们去一所大学对谈。当时我想起了迟子建的一篇散文《我的世界下雪了》，在开场白时，我援引了文章中的一句话，"看来环绕着我的，注定是一个清凉而又忧伤，浪漫而又寒冷的世界"。可能因为说到这篇文章，迟子建开始说话时语调有些沉重和悲伤。尽管我知道，我说与不说这篇散文，迟子建的内心始终有一座堤坝，她与她爱人踏雪向前，但我还是后悔我的开场白让她再次回到她说的"亘古的苍凉"里。是的，迟子建记得这世界上所有的夜晚。迟子建在随笔、散文中频频提到丈夫的离开对她产成的巨大影响，这种影响无形中似乎生成了一种根本性的丧失感。迟子建凭借书写不断地重新召回已经逝去的美好，从这个层面来说，那些浪漫主义的忧伤的瞬间是抵抗虚无守护美好的显影。迟子建在散文中弥漫、在小说中时隐时现的伤怀之感是那个瞬间的旅行。

如果放回到更大的社会历史语境来看，改革开放以来，作为共和国的长子的东北在新的经济结构转型中也遭遇了一种巨大的失落感，那些"伤痕累累"的"零余者"也在体验着转型带来的阵痛和不安。迟子建那些精灵般的呓语随之变成了关怀和抚慰，而非自怜自哀。迟子建把自己的疼痛汇入到滔滔不尽的人间世界，在这个世界里，私人之晦暗的潜流汇合起来，拱起了"世界上所有的夜晚"。于是个人意识与人间意识并存，众声喧哗中有人留下了独语。

六

在"历史"中的迟子建处于什么样的状态？

迟子建有两部极为厚重的历史小说，《白雪乌鸦》和《伪满洲国》。不同于当代文学史上经典的历史书写策略，迟子建没有试图去寓言化地呈现历史的"结构"，也没有刻意暴露主流历史书写的陈规和模式。她采取的是一种平视视角，"在场"式地融入历史的情境之中，她的视点不会高于小说中的人物从而占据一个反讽的、戏仿的位置。所以我们完全可以通过她沉静的笔调，无负担、无障碍地走入历史的氛围之中。迟子建是相信同理心和共感的作家，因此她穿透历史的目光是那种现实主义式的精确、冷静。尽管如此，她仍然对历史中人投去了不无哀伤的关切和深情。

这两部长篇小说打消了我对迟子建的疑虑：迟子建这样的调性能不能写出历史的厚重？

七

浪漫主义已经是一个很少使用的概念。

迟子建的小说有着非常浓烈的浪漫主义色彩。她的小说常常从现实的泥土里升腾而出，轻盈地飞翔，像是精灵一样自如地游弋在广大的人间。白山黑水，冰肌雪骨，这种我们难得一见的"风景"作为一种构成性底色，自然地成为迟子建小说栖身的背景。当然，这种背景不单单是一种物理性的背景，更重要的是作为一种精神性的存在笼罩在小说的字里行间。正是凭借这种博大的天地之气，小说得以碰触到那些更高的存在。也正是凭借于此，小说从逼仄的现实环境超拔而出，不断上升。就像小说《起舞》中写到的那样，迟子建小说的主人公总是会获得这样一个瞬间，在这个时刻他们忘却了寥落和颓败，竟自起舞，凝固成一个永恒的姿态。现实的失落、颓败和浪漫主义的回旋、起舞形成了非常参差的对照，迟子建的小说正是在这样一种矛盾中达到了新的平衡，甚至是某种超脱。

八

迟子建的笔调优美从容，即使会有鬼魅迷蒙的时刻，光亮的底色也总会自晦暗之上浮起，萦回不散。《鬼魅丹青》如是，《世界上所有的夜晚》亦如是。我想迟子建的内心对俄苏文学应该是很亲近的。这不仅仅因为黑龙江在地理位置上天然地接近广袤的俄罗斯大地，更因为俄苏文学那种崇高的人道主义关怀回响在迟子建的创作中。俄苏文学是中国当代文学重要的资源，20世纪

80 年代以来这一资源逐渐弱化。当代作家或是取法拉美，或借镜欧洲现代派。即使在"黄金时代"之后重新发现"白银时代"，俄国文学再也无法作为重要因素与中国当代文学构成对话关系。在作家们的书单中也少见托尔斯泰、陀思妥耶夫斯基、契诃夫等人的踪迹。在小大之间、光明与黑暗之间，乃至恶魔性与神性之间，迟子建都在探问"人的深度"，勘测人性的包容性空间。迟子建对黑暗—光明辩证法的念念不忘，在在可以看到陀思妥耶夫斯基对灵魂问题的考辨和执着。迟子建笔下的天地辽阔、荒寒茂林，又似乎能辨识出屠格涅夫《猎人笔记》的余韵。人心的浩荡，天地的壮阔，都可见到俄罗斯文学在迟子建小说中的历历踪迹。

九

2019 年接近岁末的时候，我和迟子建在学昕兄主持的"东北学"会议上相遇。大连已经很冷了，回到南方时，北方已经下雪了。我们都没有想到庚子年伊始发生的事情，我是在等待下雪的日子里，重读了《白雪乌鸦》。后来又读到迟子建一篇欲言又止的散文，这篇文章里有她的声音。掩卷《白雪乌鸦》，我想到了《群山之巅》的结尾，漫天的鹅毛大雪，纷纷扬扬飘落而下。初看，似乎谁也无法听到谁的呼喊。那些雪花平等地降落在人间，每个人背上都留下了雪的精魂。即使再喧哗，我们也能够听到雪的声音。我们分享着同样的温凉，于是有了小说，有了文学。

一份杂志与一个人

　　大概是 2001 年 4 月，我在台湾东吴大学客座，某个上午突然接到林建法打来的电话，除了问候，主要是告诉我他拒绝了一位作者的要求。这位出了长篇小说的作者愿意给杂志一笔数目不算小的资助，希望杂志能够安排一期评论他的专辑。建法随即回绝，后来有朋友再来电话商量此事，建法还是毫不犹豫地回绝了。建法和我通话时语气非常激动，重复地说："这是《当代作家评论》杂志，我只认学术不认其他。"我对他说应当这样。

　　其实，我知道，这对他来说是他一贯的而且也无法改变的，我或者别人怎么说都无法改变他的立场。《当代作家评论》这些年来之所以成为当代文学评论的重镇，原因之一就是林建法始终坚持他的学术立场。我们这些人或多或少目睹了新时期文学的种种现象，以杂志论，也是花开花落、云卷云舒，有魂在，杂志在，杂志的品位在。不夸张地说，林建法的立场就是《当代作家评论》的魂儿，所以《当代作家评论》虽遭遇种种困难，但不仅没有散架而且越发精神。我后来没有问过建法，他在拒绝那笔资助时是否有过犹豫，哪怕是一刹那的犹豫。如果犹豫了，也不是不可以理解的，因为他和同仁办杂志的经费太短缺了。为了办好这份杂志，他不得不花大量的精力去筹措经费，个中滋味不是所有人都能体味的。也许因为他的固执和坚持，一些关心文化事业的朋友常常解囊相助。一次闲聊，建法对我说："我为杂志欠了人情，也为杂志得罪了别人。"他说完这话，我们都一时无语。

我曾经为《当代作家评论》写过一篇长文《"文革"对"五四"及"现代文艺"的叙述与阐释》。他看完初稿后，给我打电话说感觉很一般，我对为什么这样行文做了点解释，他好像也没听进去，只是在挂电话时说："如果修改稿还是这样，你这篇文章我就不用了。"在讨论稿子时，我知道这人讲话从来不婉转，也不修辞，但他在电话中说话的语气和声音还是让我有点"不能承受之重"。过了一会儿，他又来电话说："刚才嫂子批评我，怎么这样对王尧说话；你知道，我就是这样的。"林建法就是这样。他再打电话的本意也许是换个说法，但还是不松口，虽然引用了嫂子的教导，但接着又说我就是这样的。所以谈到林建法的朋友之多，对文章的要求之严，韩少功用了这样的两句话来描述他：天真的"黑社会"，评论的"法西斯"。

他说的嫂子，就是他的夫人傅任。2000 年春天，杂志在大连召开刁斗、孙惠芬、素素作品讨论会。我一到大连就看到一位女士忙上忙下，招呼这招呼那，热情大方能干，显然是知青一代人，猜想她的角色可能是杂志的办公室主任。我和林建法住对门，晚上看到她又不时进出林建法的宿舍，我不得不警惕而又好奇地问与会的朋友这位女士是谁。这才知道是林建法的夫人。建法后来才补充介绍说，这是傅任。我听他尊称夫人觉得他很有修养，再问他夫人尊姓大名，他说刚才说了叫傅任，师傅的傅，任务的任。我这才弄明白，建法的夫人叫傅任。时间长了，我们都跟在建法后面叫傅任嫂子，或者是建法跟在我们后面叫夫人嫂子。嫂子是《当代作家评论》不领薪水的业余编辑，专职是给林建法理发。

我常常以林建法为例，觉得在文学界、学术界这么多年还能保持书生本色，真的是非同寻常。从事文学创作和研究的人对人性问题通常特别敏感，也特别容易愤世嫉俗。我们不得不承认，这些年来，人性堕落的速度远远比经济增长速度快，在创作圈子、学术圈子里也是这样。近年来因为一同主持"小说家讲坛"，我和建法时常有机会在一起讨论些问题，他对一些名人直言不讳的批评，对学术立场的坚持，对一些人的拒绝，都让我感受到一种理想的力量。这些年来，建法走南闯北，有阅历，却没有自如应付社会的能力，一遇到稍微复杂的人事问题或者杂七杂八的事情，他就举轻若重，只讲原则性不讲灵活性。原则性会让一些复杂的问题简单，但也让林建法的优点变成了缺点。在日常生活中，他的言行举止不时还带有童气，但是一旦讨论到作家的创作，讨论到文学评论，就认真起来，那情形如同在做硕士、博士论文答辩，在专业的学者那里也时常不再坚持的品格，在建法手中扭住不放。其实，建法并不是一个固执己见的人，倾听和谦卑是他的另外一种性格。在各种学术讨论会上，林建法从来不乱发言、插话，甚至是不发言不插话，他总是默默坐在那里听着、记着，他在倾听中发现问题和命题，筹划栏目和筛选作者。建法对有成就的学者和作家总是怀着敬意，即便是对年轻一代。在主持"小说家讲坛"

过程中或者在主编一些著作时，建法总是不厌其烦地给这位打电话商量给那位打电话协调，有时为了一些非常琐碎的事情，他也反复斟酌，就像校对稿子一样。十多年前，建法在调动工作时说："我这人最适合当主编。"听者可能会认为说的是狂话，现在看来，林建法说得很中肯。近二十年来，我觉得在文学界有一件非常重要的事，就是林建法做《当代作家评论》的编辑和主编，就像当年《读书》有沈昌文做编辑、主编一样。坦白地说，一个刊物总是和一个人或者少数几个人联系在一起的。因为有巴金和李小林、程永新等才有《收获》，有韩少功才有《天涯》，前有周介人后有蔡翔才有《上海文学》，有李陀才有《北京文学》，有贾平凹才有《美文》，有宗仁发才有《作家》，等等。可以说，因为有林建法才有今天的《当代作家评论》。如何估价一份杂志、一个编辑或主编在文学史中的意义，应当引起研究者的注意。当代文学的特点和优势差不多就在它的"当代性"，这个学科和其他学科不同的一点，就是作家、学者（批评家）、编辑之间的互动，这种互动影响着创作和批评的展开，并且因此成为文学发展的一条线索。我愿意在这个意义上来看待林建法和《当代作家评论》，看待类似的人和杂志。

记得在北京大学的一次学术讲座中，余华肯定了韩毓海的批评眼光，韩毓海说那篇评论是林建法让他写的。韩毓海说的是林建法的眼光。评什么，不评什么，这就是眼光，眼光来自学养和识见。建法读大量的作品、评论，又去选少数的作品、评论，所以吴俊兄说他是当代选家，我是赞成的。建法每年都花很多时间做中短篇小说年度选，用心写序言，这是他在办杂志之余所做的另外一项重要工作。他的眼光如何，就请读者去打量了。

跋

　　"我们的故事是什么"是近二十年我一直思考的问题。我由追问他者开始,再追问自己。尽管学术也留下个人精神与情感"自叙传"的痕迹,但学术文体因为某种规范总会限制个人诉求,我因此兼及散文写作,意犹未尽,又去写作小说。我想用不同的文体回答我们的故事是什么,或纪实或虚构。

　　20世纪80年代问学时,我最初研究中国现当代散文。这段学术经历让我沉浸在散文中,对此后我的学术研究和文学创作都产生了深刻的影响。我在90年代将现代散文理解为知识分子精神与情感的存在方式,这实际上已经间接表述了"我们的故事是什么"。散文这一文体的一大特点,是让你在阅读时会有在场的感觉。我会觉得我在和作者、文本中的意象、情绪、场景、人物、细节对话。所以,我后来用散文写抗战时期重庆和西南联大知识分子时,会觉得是在写自己,觉得自己和笔下的人物生活在一起。"他们"是"我们","我们"会成为

"他们"吗？

《我们的故事是什么》结集了我近十年的部分作品，多数写于2018年之后。其中有若干篇以"沧海文心"为总题发表在2018年《收获》上。这几篇和其他长短录，大致都是写"五四"以来的文人，有我熟悉的和不熟悉的。这类写作让我穿越时空，在编选时我有恍惚的感觉。逝去的未必逝去，留下的未必留下，我仍然无法回答我们的故事是什么。

在《我们的故事是什么》付梓时，我特别感谢广东高等教育出版社黄红丽总编的邀约，让这些文章能够结集出版。也特别感谢靳辉兄和刘丽丽的精心编辑，才有了这本书的面貌。

王尧

2022 年 8 月